Coleção Mulheres Fênix

AS PAZES COMIGO, FAREI

(A história de Júlia)

Volume 2

AMÉRICO SIMÕES

Coleção Mulheres Fênix

AS PAZES COMIGO, FAREI

A história de Júlia

Volume 2

Barbara

Revisão: Sumico Yamada Okada
Projeto gráfico e diagramação: Meco Simões
Foto capa: Getty Images.

3ª edição
Primavera de 2012
8000 exemplares

Dados Internacionais de Catalogação na Publicação (CIP)
(Câmara Brasileira do Livro, SP, Brasil)

Garrido Filho, Américo Simões
As pazes comigo, farei/ Américo Simões Garrido Filho.
-- São Paulo : Barbara Editora, 2012.

1. Auto-estima 2. Espiritualidade 3. Romance brasileiro I. Título.

ISBN 978-85-99039-58-8

07 - 6216 CDD - 869.93

Índices para catálogo sistemático:
1. Romances : Literatura brasileira 869.93

BARBARA EDITORA
Rua Primeiro de Janeiro, 396 - 81
Vila Clementino - São Paulo - SP
CEP: 04044-060
Tel.: (11) 5594 5385
E-mail: barbara_ed@2me.com.br

Pelo dom de ser mulher;
Pela força que existe em toda mulher;
Pelo amor de toda mulher...

Este livro é dedicado a Maria Lúcia Manzini de Souza,
Mara Célia Ribeiro da Silva Bahia,
Neusa Sales de Oliveira Pahin,
Inês dos Santos,
Cleide Domiciano,
Rosmali de Brito,
e a Dita e Narciza Maria de Lima Gomes
as quais muito ajudaram a minha família e
acabaram fazendo parte dela.

As histórias que compõem este romance foram todas, sem exceção, inspiradas em histórias reais. Até mesmo os fenômenos sobrenaturais nelas retratados.

AS PAZES COMIGO, FAREI...

"Olhos nos olhos, quero ver o que você diz, quero ver como suporta me ver tão feliz..."
Chico Buarque

1

Júlia assustou-se ao ver Alberto, seu marido descendo as escadas carregando malas.

– Aonde vai, Alberto?

Ele desceu o último degrau, pôs as malas no chão. Olhou fixamente nos olhos dela, tomou ar de coragem e respondeu:

– Vou-me embora...

– Co-como? – gaguejou Júlia, surpresa.

Ele repetiu:

– Estou indo embora.

– Embora? Como? Por quê?

Novamente ele buscou forças dentro de si para dar a resposta:

– Eu... eu me apaixonei por outra mulher, Júlia. Há meses saio com ela, somos amantes. Não acho justo continuar enganando-a.

As palavras a atingiram como flechas de fogo.

– E o nosso amor, Alberto, e o nosso amor? Não vamos jogar fora tudo o que vivemos e construímos por causa de uma...

Alberto fixou novamente seus olhos nos dela e disse:

– Eu... não sinto mais amor por você, Júlia, o que eu sinto é respeito, carinho, mas amor, tesão... acabou... eu tentei ignorar o que vinha sentindo, mas... é tal como querermos tapar o sol com a peneira... Impossível! – ele tossiu para limpar a garganta – é melhor cada um seguir seu caminho, começar uma vida nova... a gente ainda é jovem... você é jovem...

– Quem é ela, Alberto? Quem é ela?

Ele engoliu em seco antes de responder, e quando o fez, foi num tom fragilizado:

– É Verônica, minha secretária.

Não houve tempo para Júlia raciocinar. Alberto pegou as malas, deu um suspiro bem fundo e acrescentou:

– Eu explicarei para as crianças mais tarde!

Em seguida se dirigiu para a porta. Júlia suplicou:

– Não vá, não é preciso... tudo vai ficar bem entre nós novamente... por favor, não vá. Eu o amo, eu o amo profundamente. Fique Alberto, pelo amor de Deus, fique...

Sem dizer mais nada Alberto deixou a casa a passos firmes.

Assim que o marido fechou a porta atrás de si, Júlia se viu, caindo num poço sem fundo. Uma queda lenta e dolorosa. Um tremendo vazio invadiu seu peito e lágrimas desorientadas jorravam de seus olhos. O tempo pareceu parar naquele instante.

Não, aquilo não podia ser real. Alberto, o homem que lhe jurara amor eterno, que prometera amá-la até que a morte os separasse, partia assim, de uma hora para outra, dando fim a um casamento de quinze anos.

Aquilo só podia ser uma brincadeira, um pesadelo, com certeza. Em breve ela acordaria e tudo voltaria ao normal. Uma rajada de vento irrompeu pela janela e circundou Júlia, tal como um daqueles fantasmas que se veem em filmes de horror. Ela se arrepiou e como se estivesse em câmera lenta, caminhou até a janela e a fechou.

Ela ainda teria de contar aos filhos que o pai saíra de casa. A notícia com certeza seria um choque para eles, assim como fora para ela. Novamente a imagem de Alberto voltou à sua mente. Não daquele homem que acabara de sair pela porta, mas do Alberto que parecia amá-la eternamente.

Ambos juraram, não só no altar, mas um para o outro, que a união seria para todo o sempre. Nunca passou pela mente dela que um dia teria de encarar uma separação, jamais. Ela se preparara para enfrentar tudo na vida, completamente tudo, até a morte, mas jamais para enfrentar uma separação e por aquela razão.

Chegara, sim, a pensar que o marido pudesse estar tendo um caso com a secretária, mas logo afugentou tal hipótese, pois Alberto, tão apaixonado e tão dedicado a ela e aos filhos, não faria aquilo jamais. Já ouvira falar que mulheres jovens podem virar a cabeça de um homem casado, mas nunca a de seu Alberto. Nunca!

Júlia subiu lentamente os degraus da escada que a conduziam ao andar de cima do sobrado que Alberto projetara e construíra com tanta dedicação. E que, agora, o trocava, assim como ela e seus filhos, por uma mulher mais jovem.

Ao entrar no quarto do casal, onde tantas vezes os dois se amaram e foram felizes, Júlia se entristeceu mais ainda ao ver as portas do guarda-roupa de Alberto escancaradas e seu interior vazio. Era triste demais!

Dirigiu-se até a cama, ergueu com um esforço sobrenatural a colcha e o lençol e mergulhou dentro deles. Naquele instante, as luzes da vida pareceram se apagar para aquela mulher que mal acabara de completar quarenta anos de idade.

A vida a partir daquele dia nunca mais foi a mesma para Júlia, era como se um pedaço seu tivesse sido arrancado. Tudo o que conseguia fazer era pensar nos bons momentos do passado, porquanto o presente e o futuro pareciam-lhe monstruosamente assustadores e desnecessários. Apesar de tudo que Alberto fizera, Júlia não lhe guardava rancor ou ódio, ao contrário, sentia que o amor por ele aumentava ainda mais, cada dia que passava.

Por baixo de toda aquela superfície devastada pela separação, corroída pela depressão, havia a esperança de ele voltar para a casa, para os filhos, para a vida a dois que ela tanto sonhou viver e se empenhou em construir. Sim, ele voltaria, tinha de voltar e só nesse dia então ela deixaria aquele quarto, que se tornara desde a separação, o único aposento da casa frequentado por ela. E assim os dias e as semanas foram passando...

2

Júlia despertou de seus pensamentos conturbados ao ouvir Bruno, seu filho caçula, chamando por ela.

– Mamãe, mamãe!

Ela abriu os olhos lentamente e uma certa felicidade despertou em seu interior quando seus olhos encontraram os do filho, olhando para ela com admiração. Ele lhe deu um beijo no rosto e disse:

– Já vou indo!

Vitor, o filho mais velho, também lhe deu um beijo. Ao contrário do irmão, tinha um semblante sério, como de um adulto.

– Boa escola! – disse numa voz rouca e frágil.

Assim que os dois meninos se foram, fechou os olhos e o desânimo se abateu novamente sobre ela. Em seu criado-mudo, podia se ver uma quantidade enorme de remédios para combater a anemia profunda, labirintite e depressão, doenças que surgiram após a separação.

Alguns minutos se passaram até que Águida, a empregada, uma mulher grandalhona, de meia-idade entrasse no quarto.

– Bom dia, Dona Júlia! Está na hora de seu remédio – disse ela num tom agradável.

– Obrigada, Águida.

Após tomar o medicamento, Águida, mantendo o mesmo tom agradável, comentou:

– A senhora notou como os meninos estão animados? Hoje começa a semana de gincana na escola.

– Isto é muito bom para eles!

Águida tinha de prestar atenção na pouca articulação dos lábios da patroa, ou se curvar diante dela, para poder entender o que ela dizia, pois sua voz mal atravessava sua boca.

– E a senhora, como está?

Júlia olhou para ela com os olhos fundos. Sua aparência a acusava de ter passado a noite em claro.

– Tive muitos pesadelos – replicou sem vontade.

– Precisa se animar, Dona Júlia. Não pode se entregar assim.

Fechando os olhos, ela suspirou com dificuldade antes de dizer:

– Se você soubesse como eu me sinto...

– Eu entendo, mas a senhora...

Águida ficou a lhe dar conselhos até perceber que a patroa havia adormecido. Então deixou o quarto silenciosamente e foi arrumar a casa.

3

Três dias depois, Bruno despertou a mãe novamente ao entrar em seu quarto correndo, eufórico. Ele sorriu e a beijou no rosto.

– Mãe, eu ganhei a corrida do ovo na gincana da escola. Olha só o meu prêmio.

Ele ergueu um embrulho e de dentro tirou uma camiseta.

– Não é bonita? E é a minha cor favorita. O Lucas, meu amigo, ganhou a corrida do saco, não caiu uma vez sequer. A Claudete conseguiu de olhos vendados pôr o rabo no cavalo. Quem me entregou o prêmio foi a professora Cristina, eu gosto muito dela. Ela sempre pergunta da senhora e lhe manda um beijo. Diz que ora por nós, todos os dias.

Júlia sabia o quanto o filho gostava realmente daquela professora, fora graças a ela que o menino aprendera a se empenhar mais nos estudos. Agradecera o que fizera por ele quando a encontrou pessoalmente numa das reuniões de pais. Soube depois que a professora era uma vitoriosa na vida, fora desenganada pelos médicos ao nascer, mas sobrevivera. Depois, diagnosticaram que ela nunca andaria e falaria, mas com os esforços dos pais, ela transcendeu mais esses obstáculos, tornando-se o que é hoje.

– Dê um beijo nela por mim, filho. E seu irmão, ganhou alguma coisa?

– Ah! O Vitor não participou de nada.

– E onde ele está agora?

– Acho que foi tomar banho.

– Você já comeu algo?

– A Águida está preparando. Vou descer, comer e depois vou jogar bola com a turma aí da rua, no campo da pracinha.

– Cuidado com os carros na rua.

– E o pai?

– O que tem ele?

– Quando ele virá?

– Neste fim de semana, como combinado.

– Oba! Ele me prometeu me levar ao novo parque aquático.

– Diga ao Vitor que quero falar com ele.

– *Tá* bem, mãe. Fui!

Passaram-se uns quinze minutos até que Vitor aparecesse.

– Oi, mãe.

– Oi, Vitor, e a gincana como foi?

Ele deu de ombros.

– A mesma coisa de sempre.

– Você se divertiu?

– Como sempre. E a senhora como está?

Júlia suspirou.

– Estou melhor.

– Não parece – disse o menino seriamente – a senhora está muito branca, e a voz não é mais a mesma, está cada vez mais rouca.

– Estou apenas passando por uma fase difícil, só isso.

– A senhora emagreceu muito, mãe.

Júlia quis quebrar o assunto.

– Bruno disse que seu pai vai levá-los a um parque aquático, é verdade? – perguntou tentando animar a voz.

Vitor a olhou seriamente.

– A senhora está assim por causa do papai, não é?

As palavras fugiram dos lábios de Júlia.

– Eu sei, mãe, eu não sou bobo. A senhora caiu de cama logo após papai ter ido embora. Ele é quem deixou a senhora assim, não foi?

– Não, é claro que não!

– Eu sei que foi. Não gosto mais dele. Ele está fazendo a senhora sofrer.

– Não pense assim, meu filho.

Sentando-se na cama, abraçou o menino.

– Este fim de semana vocês vão se divertir muito.

– Eu não quero mais sair com o papai.

– Mas ele é seu pai.

– Não importa, eu não quero.

Júlia não conteve as lágrimas no rosto e o menino começou a chorar também.

– Detesto o pai por ter feito isso com a senhora. Não quero mais vê-lo!

– Eu o amo, filho.

Vitor olhou para ela.

– O que é o amor?

– O amor é um sentimento profundo de afeto entre duas pessoas.

– E dura quanto tempo?

Olhando-o com os olhos vermelhos, respondeu:

– Eu pensei que era para sempre.

4

Júlia esforçou-se mais uma vez para assistir à TV, mas desistiu novamente. Nada conseguia lhe prender a atenção. Voltou então a se lembrar dos momentos bons que vivera ao lado de Alberto, e confortara-se com a esperança de que ele voltasse dentro em breve.

Sua mãe tornou novamente a ligar e a repetir o que dizia em toda ligação:

– Filha, se ele quiser voltar, não aceite! Não seja boba! Isto é humilhante. Antes só do que mal acompanhada e nunca se esqueça: se ele aprontou uma vez, aprontará outras. Você tem dois filhos para criar, dedique-se a eles, esta é a sua missão na Terra.

Júlia sentia falta da mãe, que morava no Paraná, não podia contar com ela. Tinha deixado sua família e a cidade querida onde nascera, para se mudar para São Paulo porque Alberto queria morar ali, não só por ser onde residia a família dele, mas por ser apaixonado pela cidade.

No entanto, agora ele a deixara só naquela imensidão de cidade, sem nenhum membro de sua família, nem dos familiares de Alberto, os quais, desde a separação, nunca mais entraram em contato com ela, nem mesmo para saber como estava de saúde.

Quanto mais refletia, mais deprimida ficava, mais se sentia por baixo. Sua mãe sugeriu que voltasse para o Paraná para viver com eles. Além do mais, segundo ela, o Estado era menos violento que São Paulo. Mas Júlia não podia fazer isso com os filhos, era ali que tinham seus amigos, estavam acostumados com a escola; isso os afastaria do pai, o que seria prejudicial para a formação deles, e além do mais, Alberto, cedo ou tarde, regressaria para casa.

Ele não conseguiria viver sem ela e os filhos. Não, em hipótese alguma, já deveria estar percebendo isso. Ninguém consegue se desapegar assim, de uma hora para outra, de alguém com quem conviveu por vinte anos (15 de casados e outros 5 de namoro). Impossível... Tal reflexão acalmou mais seu coração intumescido de desapontamento.

Na manhã seguinte, Águida insistiu novamente para que ela lhe permitisse abrir as janelas para o sol iluminar o quarto e dar-lhe um pouco de vida, mas uma vez mais ela se recusou.

Outras semanas se passaram e nada do que Júlia esperava ansiosamente, aconteceu. A esperança de que Alberto voltasse para casa parecia cada dia mais estar por um fio, tal como seu corpo entrevado naquela cama.

5

Certo dia, ao despertar de mais um cochilo, Júlia percebeu que estava mais uma vez sozinha dentro do sobrado, que parecia ter se tornado grande como um castelo fantasmagórico. Àquela hora, Águida já havia ido embora e os meninos já haviam ido para o curso de inglês com o filho da vizinha que gentilmente, desde que Júlia se entrevara naquela cama, dava-lhes carona.

Ela notou que a hora do banho se aproximava e aquilo lhe era um martírio. Não tinha ânimo nem para se banhar. Mas tinha de pelo menos se esforçar para tomá-lo, mesmo que rapidamente, como vinha fazendo, por uma questão de higiene.

Ela se desvencilhou das cobertas e se sentou na cama. Ao mudar de posição, sentiu tontura. Após respirar fundo repetidas vezes para se recompor, seus olhos pousaram nas cortinas do quarto, as quais trouxeram mais uma vez Alberto a sua memória. Fora ele quem escolhera a cor e o modelo delas. Na realidade, tudo ali o lembrava, pois desenhara a casa do modo que sempre sonhara e escolhera a cor para pintá-la, bem como tudo o mais para decorá-la. A casa, num todo, transparecia Alberto.

Júlia se levantou, foi até as cortinas e passou as mãos nelas, como se afagasse um ser humano querido. Depois, borrifou um pouco do perfume, que o ex-marido usava, pelo quarto, para parecer que ele ainda estava presente. Ele ficara de buscar o frasco bem como as peças de roupas que não pôde levar consigo quando partiu, mas até aquela data ainda não havia ido apanhar nada. E, para Júlia, só havia uma razão para protelar a busca. Alberto não pegava tudo aquilo porque sabia que, cedo ou tarde, voltaria para casa.

Sua última conclusão a deixou tão feliz que ela sentiu vontade de ver os álbuns de fotos da família. As fotografias a transportaram para um período do tempo repleto de momentos inesquecíveis, que ficariam para sempre registrados na sua memória e no seu coração. Em meio às lágrimas, lembrou-se de quando ficou noiva, dos preparativos para o casamento e da ansiedade pela lua-de-mel. Casara virgem, como sonhara e achara que tinha de ser. Entregara-se somente a um único homem, o qual acreditou que merecia tê-la para todo o sempre. Todo o sempre!

Seus pensamentos se dispersaram ao ouvir um daqueles estalos quando se anda por um chão revestido de tábuas largas.

Ao que parecia, o ruído viera do corredor que ficava em frente ao seu quarto. Mas quem estaria andando por ali? Não poderiam ser os filhos, ainda era cedo para terem chegado. Nem Águida, àquela hora ela já havia partido faz tempo. Que bobagem se prender àquilo, no mínimo não passara de um simples estalo de assoalho, comum de acontecer.

Júlia voltou a se concentrar nas fotos até que ouviu um novo estalo de madeira soar e, como o outro, parecia vir do corredor. Ela tentou ignorar o fato, mas não conseguiu. Levantou-se e caminhou lentamente, pois estava zonza, até o local. Encontrou o corredor vazio, foi até o *hall* que dava acesso à escada e perguntou:

– Águida, é você?!

Mas nenhuma resposta se ouviu.

– Bruno, Vitor?

Nada mais que o silêncio como resposta. Com certeza, não passara de um desses estalos de madeira, concluiu. Júlia voltou para o quarto e resolveu tomar seu banho ligeiro.

Dois dias depois, encontrava-se novamente só em casa quando ouviu o mesmo barulho, como se alguém andasse pelas tábuas largas que revestiam o seu pequeno corredor que dava acesso à escada. Ela ignorou o barulho, até ouvi-lo ecoar pela terceira vez. Curiosa, levantou-se e caminhou até o corredor. Não havia ninguém ali.

Quando ia voltar para o quarto, ouviu mais uma vez o mesmo som, só que dessa vez, ao que parecia, vindo do andar de baixo. Júlia caminhou até o pé da escada e perguntou com sua voz rouca:

– Quem está aí? – repetiu novamente a pergunta num tom mais alto.

Mas nenhuma resposta obteve, senão o silêncio. Foi nesse instante que percebeu que até o silêncio podia ser ouvido.

6

Sem ânimo para ver ninguém, Júlia decidiu passar o Natal sozinha com os filhos. Seria o primeiro sem Alberto, em vinte anos. Se a data já costumava ser triste, esta seria ainda mais.

Ouviu quando o ex-marido chegou de carro para buscar os meninos na manhã do dia 25 de dezembro. Por pouco, não correu até a janela para olhar pela fresta, dali daria para ver o pai de seus filhos e matar um pouco a saudade que sentia dele. Mas deteve-se por receio de que ele tivesse ido apanhar as crianças em companhia da outra. Vê-los juntos partiria seu coração.

Júlia fechou os olhos e se deixou viajar no tempo, indo parar no Natal em que o marido se vestira de Papai Noel pela primeira vez para presentear os meninos. Um momento mágico na vida de todos eles. Lembrou-se de que havia filmado tudo, e que poderia rever. Tentou afastar a ideia de assistir ao filme, mas não resistiu por muito tempo e saiu, desesperadamente, à procura dele.

Quando estava pegando a fita de vídeo, ouviu novamente um estalo de madeira. Ignorou, mas o som se repetiu, não deu atenção mais uma vez, até que uma canção natalina começou a soar pela casa, vinda do andar de baixo do sobrado. Júlia reconheceu a música de imediato. Era a mesma que sua caneca de porcelana musical tocava toda vez que era erguida, e parava de tocar quando era posta novamente sobre uma superfície. Ganhara duas assim, uma para ela e outra para Alberto, a fim de que brindassem a ceia de Natal; ela as mantinha guardadas na cristaleira que ficava na sala de jantar. Mas a caneca não poderia estar tocando. Para isso era preciso que alguém a pegasse nas mãos, e não havia ninguém ali.

Mas a canção continuava tocando. A não ser que... Um bandido houvesse entrado na casa. Ela arrepiou-se de pavor. Pensou em se trancafiar em seu quarto, mas de repente algo dentro dela foi mais forte que o medo. Com passos lentos e firmes, decidiu ir até a sala desvendar o mistério.

Assim que acendeu as luzes do aposento, a canção parou de tocar. Não havia dúvidas, a música vinha de uma das canecas. Mas não havia ninguém por lá. O par de canecas continuava no mesmo lugar de sempre, dentro da cristaleira. Mas por incrível que parecesse, misteriosamente, uma das canecas tocara sozinha, sem ninguém tê-la erguido. Contando com a idade que tinham, cerca de dez anos, aquilo deveria ser normal.

Júlia suspirou fundo, apagou a luz e se pôs a subir a escada. De repente, a caneca começou novamente a tocar. Ela voltou abruptamente para trás e perguntou:

– O que há? Há algum fantasma por aqui querendo me assustar?

Desceu novamente a escada, só que desta vez a passos duros e ligeiros. A música parou outra vez, assim que ela pisou no andar de baixo.

Júlia acendeu as luzes, foi até a cristaleira e tirou as duas canecas de lá. Assim que as ergueu da superfície, ambas começaram a tocar simultaneamente a mesma canção natalina. Com uma careta, ela subiu, carregando as duas nas mãos.

No quarto, encontrou um lugar para deixá-las bem à sua vista. Assim que as pousou sobre a estante, ambas se silenciaram. Pôs então o vídeo do Natal para assistir e ficou ali se deliciando com as imagens da família unida. Como eram felizes. Como ela era feliz. Tudo do jeito que sempre sonhara na vida. Por que tudo tinha chegado ao fim? Essa era a pergunta que não queria calar dentro dela. Por quê?

De repente, para sua surpresa, apareceram ela e Alberto tomando vinho nas canecas de porcelana musicais. Que coincidência. Ela sentiu vontade de chorar, tentou segurar, mas foi em vão, caiu em prantos.

Júlia desligou o aparelho e caminhou até a janela do quarto. Através das frestas, viu que chovia. Aquilo a entristeceu mais ainda, pois se lembrou do quanto Alberto amava a chuva e a achava romântica. Tanto que, nas noites chuvosas, adorava ficar na cama abraçado a ela, acariciando-a ou fazendo amor. Noutros momentos, comiam pipoca e degustavam um bom vinho. Se Alberto não voltasse para ela, nada mais daquilo poderia ser vivido e se nada mais daquilo pudesse acontecer novamente, por que então continuar a viver?

Júlia despertou de seus pensamentos ao ouvir o filho a chamando.

– Mãe, desça aqui um pouquinho.

Júlia se assustou com o chamado e desceu o mais rápido que pôde. Para sua surpresa, Alberto estava ali parado junto aos filhos. Ela ficou imóvel e muda. O ex-marido procurou rapidamente disfarçar o espanto que teve ao ver o rosto da ex-mulher. Sua beleza parecia ter sido dilacerada por uma grave doença. Ela aparentava ter envelhecido dez anos. Sentiu certo remorso por vê-la naquele estado. Com alguma dificuldade falou:

– Eu queria lhe desejar feliz Natal... Júlia...

Ela baixou a cabeça, sentiu vontade de chorar, mas se conteve para parecer forte.

– Feliz Natal *pra* você também, Alberto.

Fez-se um breve silêncio. Foi Bruno quem o rompeu:

– Olha o que eu ganhei do papai, mãe.

Júlia voltou o olhar para o brinquedo que o menino segurava e forçou um sorriso para alegrá-lo. Vitor permanecia sério, observando os pais.

– Eu... eu... já vou.. – disse Alberto gaguejando. Deu novamente um beijo em cada um dos filhos, acenou para Júlia e deu as costas.

Foi quando estava descendo a pequena escada de três degraus que levava à calçada que Alberto escorregou e caiu. Seu berro chamou atenção dos três. Ao verem-no estirado ao chão, correram em seu auxílio.

– Alberto, você está bem? – perguntou Júlia, já visivelmente desesperada.

– Ai... – resmungou ele, esboçando no semblante a agonia da dor.

– Não se mexa...

– Acho que quebrei a perna – disse ele com o queixo trêmulo.

– Está começando a chover de novo – alertou Vitor.

– Venha, vamos entrar. Eu o ajudo – ofereceu-se Júlia.

Os dois meninos e ela ajudaram Alberto a entrar na casa e o acomodaram no sofá da sala de visitas. Em seguida, Júlia foi pegar um analgésico para dar ao ex-marido a fim de aliviar sua dor. Após ele ingerir o remédio, ela disse:

– Vou ligar para o Dr. Rui.

– Por favor...

Enquanto a ex-esposa foi pegar sua agenda que se encontrava no andar superior, Alberto ficou observando a casa. Continuava exatamente como ele a deixara. Nada havia sido alterado. Era como se ela esperasse a sua volta. Assim como Júlia, ele pudera ler isso em seus olhos. Sentiu pena dela e péssimo por ter tido a ideia de pedir para os meninos a chamarem. Se não fosse aquilo, a queda não teria ocorrido, aquela situação constrangedora não estaria acontecendo.

Júlia voltou trazendo consigo uma toalha para enxugar o ex-marido que havia se molhado na poça com a queda. Trouxe também uma camisa e uma calça para trocá-lo. Ao vê-las, ele exclamou:

– Nossa! Havia me esquecido dessas roupas! Fiquei de buscá-las, não é?

– Não tenha pressa. Elas estão bem guardadas aqui! – adiantou-se Júlia.

7

Pouco tempo depois, o médico da família chegou e examinou Alberto. Ao que parecia, não havia fraturado a perna, tampouco outra parte qualquer do corpo. Com a ajuda do médico, Alberto foi levado para seu carro. Júlia fez questão de levá-lo para a casa, dirigindo o automóvel, apesar de o ex-marido insistir que não era preciso. “Não é incômodo algum”, disse ela com sinceridade. Depois, pegaria um táxi para voltar para a casa. Ele não devia se preocupar.

A própria Júlia não soube onde encontrou forças para fazer o que fez, uma vez que se sentia *grogue* por causa dos remédios, e também por não dirigir havia longos meses, desde que se entrevara em sua cama. Mas o importante era ajudar Alberto, mostrar-lhe o quanto era capaz de fazer de tudo por ele. Queria lhe mostrar que ela ainda o amava e que nada entre os dois havia mudado. Essa era sua chance.

Ao longo do caminho, Júlia tentou manter uma conversa descontraída com o ex-marido. A maior parte do tempo, falando sobre as peripécias dos dois filhos.

Ao chegarem ao edifício onde Alberto agora residia, Júlia entrou com o carro na garagem, estacionou na vaga e o ajudou a ir até o elevador.

– Volte com o carro. Amanhã peço para alguém ir buscá-lo! – insistiu ele mais uma vez.

– Nada disso. Pego um táxi, não se preocupe.

– Mas a essa hora?

– Fique tranquilo.

Alberto emitiu um sorriso de profundo agradecimento para a ex-esposa.

– O que precisar de mim, de nós, é só nos ligar! – ofereceu-se Júlia, sincera como sempre.

Alberto sorriu novamente e também com sinceridade agradeceu:

– Muito obrigado mesmo, Júlia, por tudo. E me desculpe o transtorno.

– Não há de quê! – sua resposta saiu envolta de prazer por ajudar o homem que ainda amava loucamente.

Ao dar-lhe as costas, a voz de Alberto voltou a soar:

– Feliz Natal!

Ela voltou o olhar na direção dele e fez os mesmos votos:

– Feliz Natal *pra* você também!

Júlia tratou logo de dar as costas para o ex-marido, para que ele não visse as lágrimas que começaram a jorrar de seus olhos. Ela voltou mais feliz para casa naquele dia.

Nos dias que se passaram, ela ligava sagradamente para o ex-marido para saber como estava de saúde e para oferecer seus préstimos. O modo como Alberto passou a tratá-la após o reencontro lhe era reconfortante e animador. Tudo a fazia crer que os dois dentro em breve reatariam.

Havia se passado praticamente um mês e meio desde o episódio relatado, quando Júlia se viu fortemente estimulada a dirigir seu carro novamente. Foi com os filhos à padaria.

Quando ia chegando ao local, avistou Alberto saindo em companhia da "outra", como ela a apelidara. A visão tomou Júlia de assalto. Ela não esperava ver aquela cena, não se preparara para tal situação.

Na verdade, já havia inconscientemente apagado a ligação do ex-marido com a amante. O que mais a chocou foi a expressão no rosto de Alberto.

Já vira a mesma expressão no rosto dele no passado, quando declarou estar apaixonado por ela. Aquilo era sinal de que ele amava aquela mulher.

Júlia estacionou o carro ali mesmo, a certa distância da padaria, para não ser vista por eles. Os meninos estavam tão entretidos com seus joguinhos eletrônicos que nem notaram o que acontecia. Aquele encontro era como se alguém lhe tivesse jogado um balde de água fria.

Pelo visto, o que ela pensou, que voltaria às boas com o ex-marido, fora um equívoco. Alberto não voltaria, não apaixonado como estava pela "outra".

Que tola ela fora. Um sentimento horrível de culpa emergiu de seu interior naquele instante, chegando a embrulhar seu estômago. Assim que eles partiram, Júlia se viu livre para pôr o pé no acelerador e sumir dali. Foi só então que Bruno percebeu que a mãe mudara seus planos e perguntou:

– O que aconteceu, não vamos mais à padaria?

Ela deu uma desculpa de que não estava se sentindo bem e pisou mais fundo no acelerador. Júlia mal estacionou o carro na garagem de sua casa, saiu correndo para dentro. Subiu as escadas num fôlego só, e deixou seu corpo cair na cama como se fosse uma massa disforme.

Não conseguia tirar da cabeça o que vira. Em sua tela mental só passava o mesmo filme, a cena do marido acompanhado da rival, da mulher que o fez jogar pela janela quinze anos de casamento e cinco de namoro.

O que mais lhe intrigava e irritava era o ar de felicidade dos dois. Os sorrisos que esbanjavam a todos. Quanto mais remoía as imagens, mais chorava. Parecia uma criança assustada, frágil como um cristal, perdida numa noite tempestuosa.

A depressão que dera certa trégua à Júlia desde a tarde de Natal, voltou à tona e com mais fervor desta vez. Tudo o que queria agora era simplesmente morrer, nada mais que isso. A tristeza era tão forte que nem os filhos tinham mais peso em sua vida. Ela parecia ter ficado cega, desprovida de sentimentos por eles.

Os poucos passos que ainda dava pela casa até esse dia se restringiram a quase nada. O quarto se tornou, então, para ela o mundo todo, ou o que restou dele.

8

Duas semanas depois...

O relógio já marcava zero hora quando Júlia despertou de seu sono assustada. Sentia a boca seca, com um gosto amargo de antidepressivo. Algo a fez querer ver os filhos. Acendeu o abajur, levantou-se com cuidado por estar zonza e caminhou, apoiando-se nos móveis. Encontrou os meninos dormindo tranquilamente, o que a fez sentir um certo alívio no coração. Mas a sensação se dissipou, ao ouvir o que lhe pareceu ser uma porta se fechando no andar de baixo. Entretanto, o barulho deveria ter vindo de fora da casa. Afinal, não havia ninguém mais ali na residência a não ser ela e os filhos.

Nem bem completara seus pensamentos e novamente ouviu um rangido de assoalho, como se alguém andasse pelas tábuas largas que forravam o chão da sala de estar e jantar. Aquilo a fez sentir um arrepio esquisito.

Com cuidado para não fazer barulho, Júlia se dirigiu até o *hall* e ali ficou quieta, ouvindo apenas sua respiração pesada e ofegante de tensão.

A casa pareceu então mergulhar num profundo silêncio. Aquilo tudo só poderia ser fruto de sua imaginação. Um delírio provocado pelo consumo excessivo de remédios e calmantes. Só podia.

Ao voltar para seu quarto, teve a impressão de ter visto pelo canto do olho um vulto passar. Responsabilizou novamente os medicamentos por aquilo. Infiltrou-se debaixo das cobertas e procurou dormir o mais rápido possível.

9

Na manhã seguinte, Águida entrou no quarto, trazendo o café da manhã.

– A senhora está com uma expressão muito melhor hoje – mentiu a empregada, com o propósito de dar uma injeção de ânimo na patroa.

Parecendo distante, Júlia perguntou:

– Quero lhe fazer uma pergunta bem pessoal, Águida, é a respeito da chave aqui de casa, a que leva consigo para sua casa. Você não deixa ninguém se apossar dela, não é?

– É lógico que não, Dona Júlia.

– Desculpe estar lhe perguntando isso, mas é que algumas vezes tenho ouvido certos estalos no assoalho, vindos, ao que me parece, do andar de baixo e sabe, pensei que alguém pudesse estar entrando aqui com sua chave.

– Não! Ninguém! Se alguém entrou aqui, o guarda da rua viu. É só perguntar a ele.

– É verdade.

– Lembre-se de que a Dona Ofélia tem uma chave sobressalente da casa para qualquer emergência. Só se alguém pegou a que está com ela, sem que ela saiba.

– Nela eu confio e muito. Não deixaria ninguém pegá-la. Tenho certeza. Mas, pergunte-lhe de qualquer modo.

– E quanto ao sr. Alberto? Não se esqueça de que ele ficou com as chaves que tinha desta casa.

– É verdade, havia me esquecido. Quero pedir-lhe as chaves. Por favor, ligue para o celular dele e diga que quero as chaves de volta.

10

No sábado à tarde, Júlia recebeu a visita surpresa de sua melhor amiga do tempo de adolescência, Cândida, que aproveitara para acompanhar o marido numa viagem de negócios à cidade, justamente com o propósito de visitar a amiga querida e, quem sabe, dar-lhe uma força. Soubera, pela mãe de Júlia, que seu estado se agravara terrivelmente no último mês.

Se havia alguém em quem Júlia confiava e tinha como irmã, era Cândida. Cresceram e estudaram juntas e mesmo depois de cada uma ter ido morar em estados diferentes, continuaram amigas, mantendo sempre contato por cartas e telefonemas.

A visita reanimou Júlia de certo modo, a ponto de fazê-la buscar forças dentro de si para parecer menos deplorável do que se encontrava, mas Cândida a conhecia bem, sabia que estava encenando e que, intimamente, estava destroçada pela separação. Júlia lhe contou tudo, o que aconteceu desde o início, em meio a lágrimas de profunda tristeza.

– Você precisa refazer sua vida urgentemente, minha amiga. Aquele por quem você se desespera e chora está refazendo a vida dele, não percebe?

Júlia começou a chorar.

– Desculpe... – disse Cândida.

– Eu não consigo tirá-lo da minha cabeça, eu tento, tento, eu juro que tento. Luto por isso, não por mim, eu não quero mais nada da vida, mas pelos meus filhos, para eu ter força para me manter em pé para poder criá-los.

Júlia tomou ar antes de acrescentar:

– Li certa vez uma matéria numa revista que dizia que nem os filhos são capazes de ajudar uma mulher a superar uma separação e impedi-la de que atente contra a própria vida, como em muitos casos ocorre. Duvidei, afinal, sempre acreditei que nada é mais importante para uma mãe do que o amor pelos filhos, mas agora sei, por experiência própria, que eles não preenchem a falta que faz o grande amor de sua vida. Para mim, o Alberto é como o ar que eu respiro, se não o tenho, sinto-me sufocar. O que me mantém viva é o último fio de esperança de que ele volte para mim... se eu perder essa esperança temo morrer.

– Minha amiga, você precisa reagir!

– Não há como me esquecer dele, Cândida, entende? Ele está presente em tudo por aqui, na cor das paredes, nos móveis, nas cortinas, nos quadros, em tudo enfim, afinal foi ele quem escolheu tudo isso para decorar a casa. Cada porta-retrato que há nesta casa foi comprado por ele, para pôr uma foto nossa que achasse que merecia ser exposta. Até o bairro, a casa, o carro, tudo foi ele quem escolheu. A casa toda está exatamente como da última vez que ele saiu por aquela porta, levando suas malas – Júlia suspirou – e eu sempre estive ao lado dele por amor, talvez, o amor mais profundo que exista dentro de um ser.

Júlia novamente respirou e prosseguiu:

– Um dia ele vai perceber que eu me doei inteira para ele, dediquei a minha vida toda, cada segundo para ele e me sacrifiquei em seu nome, porque o amava mais que tudo, mais que a mim mesma... sei que ele vai perceber e nesse dia, então, vai voltar para mim. E voltaremos a ser o casal que sempre fomos e seremos até que a morte nos separe.

A fim de mudar de assunto, Cândida contou um pouco de sua vida e de seus filhos, na tentativa de fazer com que a amiga se distraísse um pouco. Cândida estava convicta de que se a amiga não buscasse ajuda de um psiquiatra, definharia na cama. Iria dizer para a mãe de Júlia incentivá-la a procurar um e urgentemente.

Após se despedirem, Júlia trancou a porta e subiu a escada com grande esforço. Precisava tomar um banho, apesar de não ter ânimo. Abriu o chuveiro e não levou, como de costume, mais que dois minutos para se lavar. No íntimo, não via mais motivos para se cuidar.

Ao sair do banheiro rumo ao quarto, ouviu novamente um estalo de assoalho que lhe pareceu vir do corredor. Entrou no quarto e foi até a janela. Pela fresta, pôde ver o guarda andando na frente da casa. Se fosse um ladrão, gritaria e ele a ajudaria. Tal constatação a tranquilizou.

O estalo deveria ter sido apenas um estalo, com certeza. Madeiras estalam. Júlia sabia que escolhera aquela explicação para se acalmar, porque no íntimo algo em seu interior dizia que aquilo que vinha acontecendo tinha outra razão de ser.

Foi até a porta do quarto e a trancou dando duas voltas. Expirou o ar para tirar a tensão, em seguida foi até sua escrivaninha e tomou seus remédios, certa de que eles a tranquilizariam, o que de fato logo aconteceu.

11

Na boca da noite de um domingo, Júlia se encontrava novamente só em casa, pensando como sempre no mesmo: a vida de casada que levara e que fora repentinamente interrompida por um tempo, como ela queria acreditar, com seu último resquício de esperança de que o ex-marido voltasse para ela.

Estava quase cochilando quando foi despertada por um novo estalo de madeira. Desta vez o som a aborreceu e a forçou a se levantar da cama. Vestiu a camisola e saiu do quarto. Não havia ninguém ali, nada. Nem bem deu as costas para o corredor, prestes a retornar para a cama, ouviu outra vez o estalo no assoalho. Dessa vez mais demorado e mais alto. Ao que parecia, viera do andar de baixo. Júlia foi até o *hall* para dar uma espiada.

– Há alguém aí? – perguntou.

Não obteve resposta alguma a não ser o silêncio. Caminhou até o parapeito da escada e tornou a perguntar:

– Há alguém aí?

Tudo o que ouviu foi de novo o silêncio, nada mais. Permaneceu ali com a mente vagando longe por segundos, talvez minutos, não saberia precisar até que fosse despertada novamente pelo mesmo tipo de som. Era de fato como se alguém estivesse andando em passos lentos pelo assoalho de madeira. Mas quem? Como?

Movida por uma força sobrenatural, ela conseguiu descer três degraus e outra vez perguntou, só que dessa vez num tom firme:

– Há alguém aí?

O silêncio novamente respondeu-lhe com um silêncio profundo. Ao mesmo tempo que sentia medo, tinha certa raiva. Aqueles estalos na madeira estavam começando a irritá-la.

Ela desceu mais alguns degraus em passos lentos, parou, respirou fundo, e depois tornou a descer até chegar à sala. Com a mão trêmula, mas decidida, acendeu a luz. A claridade revelou-lhe um ambiente vazio. Aquilo tudo não passava mesmo de delírio e alucinação provocados pelos remédios que vinha tomando. Só podia.

Sua mente novamente se distraiu por instantes e quando deu por si estava olhando fixamente para o porta-retrato com a foto dela, do marido e dos dois filhos em sua última viagem. Pegou o porta-retrato e se sentou no sofá, admirando a foto até o tempo se perder de vista.

Quando voltou a si, seus olhos estavam pousados em algo que a fez estremecer. Tentou desviar o olhar, mas não conseguiu. Parecia haver um ímã atraindo o seu olhar para aquilo bem ali à sua frente. Era o grande espelho que ficava pendurado num dos quatro cantos da sala, tomando quase a parede toda. Júlia arrepiou-se inteira. O espelho refletia algo muito importante que ela se esquecera de notar por completo, há muitos anos: ela mesma. Encarava-se nele só para se maquiar, nunca para se observar realmente.

Júlia se levantou e caminhou até poder se ver totalmente em pé diante do grande espelho. Lá estava ela, ou o que restara dela ao longo dos últimos meses. Uma mulher amarelada, adoentada e *bodeada*. O impacto a fez cair em lágrimas.

Quando conseguiu se controlar, passou as mãos pelo cabelo até prendê-los atrás de suas orelhas, para assim poder ver seu rosto mais nitidamente. Ficou se encarando por alguns minutos, sem pensar em nada, só se olhando e ouvindo sua respiração.

Lembrou-se, então, naquele instante, da cena do marido, saindo da padaria acompanhado da mulher que o tirou de casa e o fez jogar pela janela a sua união de tantos anos. O que mais a intrigava e irritava, era o ar de felicidade dos dois, esbanjando sorrisos a todos, até mesmo para os cães e gatos que passavam por seu caminho. Até o flanelinha recebeu uma gorjeta de Alberto e um mendigo, um sorriso. Justo dele, que sempre abominara os menos favorecidos.

Júlia soprou para esvaziar o ar tenso dos pulmões.

Que bonito! Enquanto ela ficava ali enterrada dentro daquele quarto se entorpecendo de calmantes, os dois *belezinhas* saíam para se divertir pela cidade, esbanjando sorrisos. Enquanto gastavam dinheiro com pães e bebidas saborosas, diversão e lazer, ela gastava com remédios, médicos e caixas e caixas de lenços de papel para enxugar suas lágrimas.

Ficou ali presa até que a luz do ambiente começou a incomodá-la. Logo descobriu a razão, a lâmpada da sala era muito fraca para iluminar todo aquele ambiente e por isso a deixava tão apagada. Apagada tanto quanto ela se sentia, diante de tudo que acontecera em sua vida. A luz fraca começou a incomodá-la tão violentamente que a fez partir em busca de uma lâmpada mais forte, capaz de melhorar a claridade. Não levou mais que alguns segundos para encontrá-la.

Agora só restava um problema, trocá-la. Justo ela que nunca fizera algo do gênero e sabia bem o porquê: seu amado... epa... amado não, o pai de seus filhos não permitia. Dizia que aquilo não era coisa para mulher.

Afinal, quem disse que não era? Onde? Que legislação definia que mulher não podia trocar lâmpada, entre outras coisas?

Agora, percebia que além de o marido ter destruído seu casamento de anos, ao qual se dedicou de corpo e alma, havia a transformado numa dondoca. Ela sabia também que se decidisse continuar sendo uma, acabaria presa de volta àquela cama e dopada de calmantes.

Não, ela tinha de arregaçar as mangas e superar aquilo tudo, vencer suas próprias limitações. Era preciso sacudir a poeira e dar a volta por cima, despir-se daquela personagem se quisesse voltar a ser feliz. Inclusive, se quisesse sair pelas ruas e padarias, esbanjando sorrisos a todos, até mesmo para os cães e gatos, flanelinhas, mendigos e até mesmo passarinhos que passavam por seu caminho.

Júlia foi até o quarto de despejo e de lá arrastou uma escada até a sala. Em seguida, a abriu, bem debaixo do lustre cuja lâmpada precisava ser trocada. Respirou fundo e quando ia subir, suas pernas travaram. Parecia que aquilo se transformara numa montanha de grande altura. E que todos os seus conhecidos estavam ali na sala, assistindo ela enquanto trocava a lâmpada, prontos para rir, caso não conseguisse.

Quando estava prestes a desistir, caiu em si outra vez, ao ouvir seu lado mais sábio dizer:

"Não há ninguém na sala, e mesmo que houvesse, ninguém tem nada a ver com sua vida. Não a sustentam, não lavam sua roupa, não lhe preparam a comida! Não dê trela para esse lado negativo que existe em todos os seres humanos, pois ele só quer o seu mal. Erga a cabeça, suba!"

Júlia atendeu ao apelo interior e se pôs a subir a escada. A cada degrau que subia, sentia-se vitoriosa e renovada, era como se estivesse deixando o fundo do poço.

Ao tocar a lâmpada para trocá-la deu um berro. Recriminou-se:

– É lógico, estando acesa há tanto tempo só podia estar quente, sua Amélia! Era preciso primeiro apagá-la, esperar um tempo para esfriar e depois trocá-la.

Júlia desceu, desligou a lâmpada, acendeu o abajur, sentou-se no sofá e esperou pelo tempo que considerou necessário para que a lâmpada esfriasse. Após trocá-la, desceu radiante, e rapidamente se dirigiu até a tomada para acendê-la. Resultado: frustração!

A lâmpada era de fato mais forte que a antiga, porém o ambiente ainda continuava amarelado e pálido. Júlia caminhou sem muito entusiasmo até o sofá e lá deixou seu corpo novamente se esparramar. Estava de volta ao fundo do poço, pensou. E como era difícil sair dele, tendo uma vez entrado e morado ali por um bom tempo.

Seus olhos umedeceram, uma vontade louca de chorar, uma sensação de desânimo e desespero emergiu de seu interior, e quando estava prestes a ser aprisionada no fundo do poço novamente, o velho filme voltou a passar repetidas vezes em sua tela mental: o pai de seus filhos e sua ninfeta saindo da padaria, esbanjando sorrisos a todos. Tal lembrança fez seu sangue ferver novamente. Seu lado positivo então lhe disse:

– Você tem de ser forte, usar toda a sua força de vontade para superar tudo isso. Você merece ser feliz! Você pode, ainda pode ser feliz e o mais importante, mais feliz do que pensou ser ou já foi um dia. Você pode renascer das cinzas tal como o pássaro Fênix da mitologia. Você pode! Você é capaz! Você merece! Merece ser feliz novamente!

"Pássaro Fênix? Renascer? Cinzas?", pensou a respeito do que ouvira seu lado positivo dizer. Sim, ali não era mais ela, Júlia, quem vivia, e sim, suas cinzas. A separação a reduzira em cinzas... Seria possível ter poder dentro de si mesma para renascer tal como o pássaro Fênix, tornar-se assim uma mulher Fênix? Preferiu deixar o tempo lhe revelar.

De repente seus pensamentos foram truncados por um *insight*. Júlia se levantou num estalo e focou o olhar nas paredes da sala.

– É por isso, é por isso que a sala ainda está escura! – disse em voz alta – com essa cor bege, areia, castor, sei lá... a sala fica mais escura mesmo. Não vai adiantar pôr uma lâmpada mais forte!

Naquele instante, Júlia voltou a um trecho do passado em que ela e o ex-marido estavam ali naquele mesmo local, escolhendo a cor para pintar a sala.

– Amor, olha só que linda essa sala – disse Júlia ao marido. Em seguida, passou-lhe a revista de decoração, aberta numa página na qual se via uma sala pintada e decorada como ela sempre sonhou ter.

O marido olhou para a revista com desdém e disse:

– Branco suja muito!

– Ah! Mas é tão lindo!

– Mas suja! Todo mundo sabe.

– É verdade! – disse Júlia desconsolada, fechando tristemente a revista.

– Pintaremos a sala de palha ou pérola.

– Palha?

– É uma cor parecida com o bege.

– Tudo bem... já sei e se as cortinas fossem brancas? – sugeriu ela empolgada.

– Cortinas na cor bordô ficarão melhor aqui e combinarão mais com o sofá.

Júlia ia dizer que as cortinas naquele tom escureceriam muito o ambiente, e por esse motivo seria melhor fazê-las na cor branca, mas calou-se. Ele não aceitaria sua sugestão, não aceitara nenhuma opinião sua quanto ao projeto arquitetônico da casa e da decoração dos outros aposentos, não seria agora que aprovaria. Brigar por aquilo era tolice. Para que criar discussão? E também sua opinião não era tão importante assim.

Emergindo de suas lembranças Júlia repetiu em voz alta com certo escárnio:

– Branco suja muito! Minha opinião quanto à decoração não era importante... Como, não? A casa era nossa. Por educação, ele deveria perguntar minha opinião para chegarmos a um acordo com bom senso, e não optar pelo que ele achava melhor e ponto final! Por que eu sempre tive de aceitar as decisões do Alberto?!

A resposta ecoou em sua cabeça repetida vezes: "Amélia... porque você é Amélia... Amélia!".

– Fui! – berrou Júlia enraivecida – aceitei tudo o que ele quis, engoli minhas vontades só para agradá-lo e agora estou aqui presa nessa casa que ele decorou ao seu estilo para ele morar e, no entanto, não mora mais.

Pé... pé... péra aí! Júlia soltou um suspiro tenso, envolto de ódio. Perspassou o olhar por cada móvel da sala só para se certificar se algo ali era de seu agrado. "Não! Não! Não! E também não!", bramiu ela. Nada ali era o que ela gostaria de ter posto na sala. Ele não aceitara nem um bibelô que ela tanto quis comprar para enfeitar o ambiente. Nada!

Com ele, o lema era: "venha tudo a mim e ao vosso reino nada!". Ela tinha de sucumbir às suas vontades para que as dele fossem realizadas. Mas que Amélia fora! E tudo isso para receber em troca um pé no traseiro bem dado, além de uma casa construída e decorada completamente às avessas de seu sonho.

"Casamento era o que mesmo?", inquiriu a si mesma com sarcasmo. União, repartição? Com ele nada fora repartido. Como podia ter sido tão cega, surda e muda para não perceber que estava sendo uma Amélia e que toda Amélia era uma sonsa? Mulher de verdade? Uma ova. Mulher pela metade, isso sim!

Os olhos de Júlia se depararam com a escada novamente. Ela voltou o olhar para as cortinas e disse:

– Nossa, como fui capaz de conviver com vocês? São horríveis, deprimem o ambiente. Credo em cruz!

Sem mais pensar, puxou a escada até elas, subiu e começou a tirá-las.

– Queridas, queridas, queridas, não se zanguem, vou arranjar outro local para vocês onde poderão voltar a brilhar, mostrar seu majestoso ar fúnebre!

Para seu espanto, ela tirou todas as cortinas da sala em não mais que dez minutos, e se deu por contente ao vislumbrar o ambiente que, sem elas, parecia bem maior. Deitou-se no sofá e se regozijou de prazer ao ver o local diferente.

De repente, levantou-se e saiu saltitando para o andar superior do sobrado. Foi até o quarto de visitas e procurou por algo especial. Logo encontrou, e um sorriso de felicidade adornou seu rosto. Era a revista com a sala decorada como ela sempre sonhara. Ela a guardara de recordação. Voltou à sala.

– Branco suja! Branco suja! Pode sujar, mas não como você, meu querido Alberto, que sujou os meus planos.

Diante do porta-retrato com a foto de Alberto, ela disse:

– Mas agora, agora eu vou realizar tudo o que você me fez desistir por você!

Nisso, os filhos chegaram e olharam surpresos para a sala.

– As cortinas? – perguntou Bruno.

– Tirei-as – explicou ela, enquanto os beijava.

– A sala ficou mais... – disse Vitor, tentando encontrar a melhor definição.

– Mais?

– Bonita?! – arriscou Bruno.

– Maior! – arriscou Vitor.

– Isso mesmo! – concordou Bruno.

– Estão com fome?

– Não, já jantamos na casa do Lucas.

– Querem me ajudar?

– No quê?

– A mudar esses móveis de local.

– Mudar, mas...

Júlia riu e com uma voz animada, radiante e vitoriosa acrescentou:

– Seu pai não mora mais aqui, lembram-se? E, portanto podemos fazer o que quisermos dessa sala... ou melhor, de toda a casa.

Júlia foi até o aparelho de som, procurou por seu CD favorito e o pôs para tocar numa altura que jamais fora tocada naquela residência.

– Mas, mãe... – repreendeu Vitor.

– Assim é que se ouve música, filho. Até meus pais que são de outra geração gostam de ouvir música nessa altura...

– Mas e papai?

– Já lhe disse, seu pai não mora mais aqui... e, portanto, não precisamos mais ouvir música na altura que ele determinava.

Ao lembrar-se daquele outro detalhe a respeito do marido, Júlia se conteve para não gritar de ódio. Ódio principalmente dela, por ter acatado tudo o que o marido dizia, sem contestar. Onde já se viu ter passado vinte anos de sua vida, sucumbindo às suas vontades e tudo para chegar àquele desfecho?

– O que vai fazer com esses móveis? – quis saber Vitor, empolgado com o ar diferente que reluzia no rosto e nos olhos da mãe.

– Vendê-los, doá-los, qualquer coisa!

– Mas ficaremos sem móveis – lembrou Bruno.

– Tenho umas economias... vamos mudar tudo isso aqui de algum modo!

Com a ajuda dos filhos, Júlia arrastou a mobília para um canto só da sala, e a amontoou ali.

Havia outro brilho que transparecia em seu semblante, quando Júlia se recolheu em seu aposento naquela noite. Pela primeira vez, após aquele período negro que vivera, causado pela separação, ela dormiu mais tranquila e com vontade de acordar com o raiar do dia.

Para espanto dos filhos, a mãe já estava de pé quando eles se levantaram, e já havia preparado um café da manhã cinco estrelas para eles. Sobre uma bela tolha que usava esporadicamente, no intento de não gastá-la, estava o aparelho de chá destinado somente quando recebessem visitas, como ordenava o dono da casa, ou melhor, o ex-dono!

12

Júlia acompanhou os filhos até a calçada para apanharem a perua que os levava para a escola e os trazia de volta para casa desde que ela caíra em depressão. Essa atitude também espantou os meninos. Ela deu um beijo carinhoso em cada um deles e ficou acenando para ambos até o veículo virar à direita no próximo quarteirão.

Vitor partiu para a escola aquele dia, levando bem mais que seu material escolar e a lancheira, levava consigo um sorriso de satisfação e contentamento por ver a mãe novamente feliz como antes de o pai sair de casa.

Bruno também estava contente e mal via a hora de contar sobre a transformação de sua mãe para professora Cristina, de que tanto gostava, e que vivia a orar por Júlia, por ele e pelo irmão.

Águida também levou um choque quando chegou ao trabalho e encontrou a patroa em pé àquela hora, toda sorridente. Quis até se beliscar para saber se não estava sonhando.

– Está me olhando como se estivesse diante de um fantasma! – confessou Júlia.

– Bem, é que...

– Sou eu mesma!

– Fico feliz em ver a senhora aqui em pé.

Júlia emitiu novamente um sorriso confortador para a boa e velha Águida, que, ao ver a mesa do café da manhã composta de pratos, xícaras, copos e outras louças que eram para serem usados somente quando recebessem visitas, exclamou:

– A... a... senhora...

– A partir de hoje, baixelas, louças, jogos de talheres que eram destinados só para ocasiões especiais, serão usados por nós!

Júlia riu e pensou alto:

– Como se todo dia não fosse especial em nossa vida...

– E são? – perguntou Águida.

– Sim, todos os dias, pois não sabemos qual será o último. Por esse motivo temos de aproveitá-los ao máximo, sem estresse. Nada de guardar coisas para o amanhã, pois o amanhã pode não vir, minha cara. Vou deixar cada dia ser o que é em sua real essência: especial como todos os demais!

Águida balançou a cabeça negativamente, tomando o cuidado para a patroa não ver seu gesto. Disse para si mesma: "pobrezinha, está maluca!".

– A partir de hoje usaremos todos os utensílios domésticos que eram reservados para as visitas, pois nós precisamos aprender a nos tratar como visitas – prosseguia Júlia.

Nem bem terminou a frase, Júlia se lembrou novamente de que adquirira tal hábito com sua mãe, suas tias e sua sogra e percebeu que aquilo era uma tremenda bobagem. Lembrou-se da avó que agira do mesmo modo, e, quando faleceu, suas louças, baixelas e tudo o mais guardado para dias especiais, foi usado pelos filhos e netos, diariamente, sem o menor cuidado e logo se quebraram.

– Onde já se viu ficar guardando coisas, utensílios domésticos, o melhor de nossas louças, talheres etc. para as visitas? Elas só vêm uma vez no ano e olhe lá... e por que visita merece ser mais bem tratada do que nós? Somos tão importantes quanto... ou até mais, sei lá!

Júlia logo percebeu que após começar a utilizar tudo o que possuía para ocasiões especiais seus dias se tornaram melhores.

E mais uma vez se parabenizou pelo *insight* que teve.

– Mas o Sr. Alberto... – protestou Águida, mordendo os lábios de nervoso.

– O Sr. Alberto não mora mais aqui, lembra-se?

– Mas, Dona Júlia, e se ele voltar?

As palavras da mulher mexeram com Júlia. Fizeram-na perceber que ainda existia dentro dela a esperança de que o ex-marido regressasse à sua vida. Ainda assim, algo preservou sua determinação. Firme, declarou:

– Se ele voltar... terá de aceitar a casa como eu quero que seja, de agora em diante... agora é minha vez!

– Não vá perdê-lo de novo por causa de uma tolice como essa, Dona Júlia – alertou Águida enfaticamente.

– Perdê-lo? Quer dizer que eu vou ter agora de ficar andando em ovos para tentar segurar um marido? Por medo de perdê-lo? Renegando as minhas vontades só para mantê-lo ao meu lado? Querida, eu fiz isso durante minha vida inteira e não adiantou... sabe de uma coisa? Nem sei mais se o quero de volta!

– Muitos se arrependem de terem se separado e... o Cristóvão que mora lá perto de casa, largou a Dorinha por causa de outra, mas está em dúvida, volta e meia a procura e se deita com ela... vão acabar voltando.

– Quer dizer que ele volta e meia a procura?

A mulher se avermelhou.

– A usa e joga fora? – acrescentou Júlia.

– Não, Dona Júlia, ele volta porque ainda a ama.

– E por que ele não passa a noite toda com ela?

– Ora, porque ele *tá* com a outra!

– Águida, não vê que se ele passar a noite com a outra, a atual vai saber que ele anda procurando a ex para manter relações e as coisas vão complicar para ele? No íntimo, ele quer manter relação com as duas e as demais que devem rolar por fora. A ex-esposa não se tocou que o ex-marido está fazendo dela sua amante. Mulher é boba mesmo! Eu sou exemplo disso, fui boba, mas agora chega! Chega!

Águida se aproximou de Júlia e perguntou:

– A senhora está bem?

– Muito bem!

Ao avistar a sala, a empregada deu um berro:

– Meu Santo Padinho Ciço. Cadê as cortinas?

A mulher correu até a sala e gritou:

– Dona Júlia! Os móveis... até parece que passou um furacão por aqui. Ai, meu Jesuzinho...

Júlia gargalhou.

Sua patroa deveria estar tomando remédios demais, só podia, pois estava sofrendo das ideias! Ela tinha de ligar para alguém e pedir ajuda, pensou Águida agoniada.

– Temos muito trabalho para fazer hoje, na verdade, essa semana toda.

– Meu Padinho Ciço, o que a senhora está tramando?

Júlia gargalhou novamente:

– Acalme-se, Águida, nada de preocupante.

Ao soar da campainha, a empregada foi correndo atender.

– Pois não?

– É o pintor.

– Pintor? O senhor bateu na casa errada.

– Ah! Desculpe.

Ao voltar, Júlia perguntou:

– Quem era?

– Um pintor que se enganou de casa.

Júlia saltou da cadeira e correu:

– Não se enganou, eu mandei chamá-lo.

– *Pra* quê?

– Para fazer um orçamento.

– De quê?

– De pintura, é obvio. Vou pintar a casa!

– Mas está tão pintadinha. Além do mais, pintura suja tudo! – dizia a empregada, correndo atrás da patroa.

Ao abrir o portão, Júlia chamou pelo rapaz que por sorte estava na casa ao lado pedindo informações. O moço se apresentou de modo cortês. Seu nome era Jonas.

Júlia lhe mostrou todos os aposentos que queria pintar e ao receber o orçamento, foi franca:

– Só de material para pintura vai ficar bastante caro para mim. Portanto, só posso lhe pagar isso em dinheiro e o restante num móvel usado. O que acha?

– Olha, dona, trabalho *tá* tão difícil de arranjar que eu vou aceitar.

– E quando pode começar?

– Quando quiser.

– Então, mãos à obra! Quero terminar essa pintura o quanto antes.

– E já sabe de que cor quer pintar? – perguntou Jonas.

– Branco.

– Branco gelo?

Júlia riu, apanhou a revista de decoração e lhe mostrou:

– Com esse branco daí.

– Hum... acho que é branco-neve... mas...

– Suja muito, é isso?

– Bem...

– Não importa... Sujou? Limpa!

O moço olhou-a, disfarçando o espanto.

– Faça a lista do material que vai ser preciso comprar. Depois que tiver pintado aqui embaixo, você começa lá em cima, caso contrário não teremos onde ficar.

Jonas ajudou Júlia a guardar algumas coisas nos quartos, e depois levou a maioria dos móveis para serem postos na garagem.

Ali faria sua *garage sale,* algo muito comum feito pelos norte-americanos, segundo leu numa revista. Quando os donos da casa querem dar uma renovada, redecorá-la, eles põem na sua garagem tudo o que não lhes é mais necessário e vendem a preços acessíveis. O dinheiro arrecadado ajuda na compra de nova mobília.

E que falassem o que quisessem, por fazer tal coisa. Como ouvira um colega dizer certa vez: "falem bem ou mal de mim, tanto faz, contanto que falem!", mas o mais importante, disse-lhe uma voz interior, era lembrar a si mesma que não importava o que os outros viessem a pensar dela, o importante era o quanto ela ia se sentir melhor, mais feliz, renovada, morando numa casa que sempre sonhou ter seu jeito.

Os filhos, quando chegaram, surpreenderam-se ao ver a casa ainda mais revirada do que quando a deixaram. A mãe lhes deu as devidas explicações e, com eles mais o pintor, partiram rumo à loja de material de construção. Havia tanta coisa fascinante por lá que Júlia sentiu vontade de comprar a maioria delas. Mas tinha de se controlar, fazer a reforma sem extrapolar seus limites financeiros, senão seria um desastre.

Júlia descobriu nessa tarde que tinha mais capacidades que jamais pensou ter. Quando imaginou que seria capaz de ir atrás de material para a reforma da casa? Nunca! Comprou tudo o que era necessário e antes de Jonas dar início ao seu trabalho, ele perguntou para a patroa:

– E esse espelho enorme aqui da sala, não vai tirá-lo?

A pergunta tomou Júlia de surpresa. Havia se esquecido dele completamente, e logo compreendeu a razão, o espelho não a incomodava, na verdade não o via como algo velho, nem o relacionava ao passado, pois a vida toda ele ficara ali, invisível aos seus olhos e sentidos. Mas essa não era a única razão para mantê-lo ali, ele era bonito, dava amplitude à sala e, no mais, ela lhe era altamente grata, pois fora ele quem a fizera perceber que havia se esquecido de olhar para si própria de verdade nos últimos vinte anos de sua vida e que era hora de ser ela mesma.

– O espelho fica... além do mais se removê-lo pode quebrá-lo, e eu não quero sete anos de azar nem morta! – explicou Júlia, rindo.

E riu consigo mesma mais ainda, ao lembrar que nunca quebrara um espelho e mesmo assim teve sete, ou mais anos, não diria azar, mas de momentos desagradáveis em sua vida.

Júlia voltou o olhar ao espelho, sorriu para ele e se surpreendeu, ao notar pelo seu reflexo que sorria para si mesma.

Jonas deu início então ao seu trabalho, lixando as paredes.

– Vai virar um poeirão! – reclamou Águida, de cenho fechado.

– Que vire! Nada se consegue fazer nessa vida, sem passar por poeirões.

13

Assim que voltou ao seu quarto para tomar mais um de seus calmantes, Júlia se deteve ao ouvir ela mesma indagar: "por que continuar a tomá-los se me causam tão mal?". "Não quero viver à base de calmantes, nem gastando meu precioso e limitado dinheiro, comprando remédios eternamente e pagando consultas médicas. Além do mais, os tomo há tempos e só passo bem quando eles estão atuando em meu organismo, assim que param, deparo-me com todas as lembranças e pensamentos negativos, que são a verdadeira causa do meu estado lamentável. Em outras palavras, eles não consertam nada do que passei, além de nublarem temporariamente minha memória a respeito do que me causa mal. Só há um jeito de me curar disso tudo, encarando o que ocorreu com novos olhos, superando, transcendendo, passando para outra".

Na tarde do dia seguinte, Júlia conseguiu uma consulta com seu médico. O doutor se surpreendeu ao revê-la.

– Fico contente que tenha melhorado e esteja disposta a melhorar ainda mais. Vou tirar os remédios aos poucos... e volto a lhe dar o mesmo conselho que lhe dei a princípio, mas você não me ouviu, faça acupuntura, ela tem um efeito muito bom em nós, apesar de poucos saberem a respeito...

14

De volta para casa, Júlia resolveu passar num supermercado. Na seção de alimentos, fez algo que sempre sentiu vontade e nunca havia feito por estar acostumada a relegar suas vontades. Comprou uma fruta, um legume e uma verdura de cada tipo. Viu-se misteriosamente a fim de experimentar de tudo, mesmo o que dizia não gostar, sem nunca ter comido, ou provado apenas uma vez. Já que tinha dinheiro para comprar remédios, que o destinasse a partir de agora para se alimentar saudavelmente.

No fim daquela noite, ela estava mais uma vez disposta a cair numa cama ou dormir profundamente. Tinha de descansar, para ter forças para se manter firme no seu propósito, pois ainda havia muito por vir. Desistir jamais!

Antes, porém, de ir para a cama, foi tomar seu banho que ao contrário dos meses anteriores, quando fazia de tudo para evitá-los, era agora aclamado por ela. Entrou debaixo do chuveiro e a água morna gostosa a fez relaxar por inteira e se desligar do mundo. "Ufa! Como eu precisava disso!", pensou. Depois se esparramou em sua cama que outrora lhe causava desespero por se ver só nela, e dormiu como um bebê.

15

Quando Águida descobriu que os móveis guardados na garagem seriam vendidos, surtou:

– Mas, Dona Júlia, vai vender todos esses móveis novinhos em folha?

– Não são novinhos, estão aqui em casa há quinze anos.

– Mas não tem dó?

– Mais importante que qualquer móvel é eu me sentir bem dentro de casa. Não vou sacrificar meu bem-estar por causa de móveis de cerejeira – explicou Júlia, decidida.

16

No fim de semana, como divulgara no jornal do bairro, abriu seu *garage sale*. Como esperava, somente algumas vizinhas curiosas apareceram para dar uma olhada. Mas, ela não esmoreceu, continuou divulgando seu evento. Abriria todos os fins de semana até que vendesse tudo o que estava ali. Persistência, ela já ouvira falar, era a alma do negócio.

No fim de semana seguinte, apareceu mais gente que o esperado e com seu jeito para receber pessoas e vender, que nunca soubera existir dentro de si, Júlia conseguiu comercializar muitas das peças e móveis que estavam ali à venda. Aquilo a encheu tanto de satisfação, que saiu com os meninos para comemorar numa pizzaria onde desde a separação nunca mais pusera os pés.

Ela estava tão empolgada com a pintura da casa que se viu, certo dia, junto com os filhos, com vontade de ajudar Jonas a pintar as paredes. O pintor tratou de arranjar para os três dois pincéis e um rolo. Os meninos logo se cansaram de pintar, Júlia, por outro lado, estava se divertindo muito. Nunca pensou que fosse tão divertido, ao menos para ela. Se soubesse, ela própria já teria há tempos pintado a própria casa.

Águida estava mais uma vez chocada com a patroa. Ela só podia mesmo estar fraca das ideias, onde já se viu ficar pintando as paredes da casa com tanta empolgação e ao lado de um pintor? Se a vizinhança soubesse, começariam a falar dela.

Após mais um dia de trabalho para revolucionar sua vida, Júlia se entregou a mais uma chuveirada que pareceu um banho de cachoeira de água cristalina e revitalizante.

17

Mais um dia trouxe surpresas e revelações para Júlia. Ao abrir um dos móveis da casa, exclamou perplexa:

– Meu Deus, quanta quinquilharia! *Pra* que tudo isso?

Era incrível como, sem perceber, ela mantinha dentro de sua casa um monte de bugigangas. Para que? Ela logo se lembrou da razão: um dia, quem sabe, poderiam lhe ser úteis para alguma coisa. Só que se passaram anos e nunca precisou de nada daquilo que guardara ali.

Numa das repartições do móvel, encontrou cinco aparelhos de telefone quebrados. "Para que guardar aquilo se não havia conserto? Que barbaridade! Onde estava ela esses anos todos que não percebia o quão tolo era agir daquele modo?", indagou para si mesma. Mas logo seu interior respondeu à sua pergunta: "fazendo o papel de Amélia. De Amélia!".

Então juntou todos os aparelhos, mais as bugigangas que para ela eram inúteis, e doou para um centro vocacional, onde serviriam de material para os alunos trabalharem e aprenderem a desenvolver habilidades.

Ao abrir uma caixa de papelão, amarelada pelo tempo, encontrou as roupas que usou na lua-de-mel e que guardara de recordação. Havia em meio a elas até a calcinha que usara na noite de núpcias. Aquilo fez Júlia gargalhar tanto, a ponto de lacrimejar os olhos. Aquilo tudo estava tão velho que, se soprasse, esfacelavam. Ia jogar no lixo, pois não serviam nem para vender.

Noutra caixa, Júlia encontrou seu véu de grinalda. O reencontro a arremessou ao passado precisamente no dia em que se casou. Em sua memória tudo estava nítido, a igreja toda decorada com flores e velas, os convidados, seu pai a levando ao altar e ela se segurando para não chorar de emoção. No altar, Alberto a aguardava. A lembrança a fez sentir uma pontada no coração.

Júlia voltou a si e disse para si mesma: "nossa, se eu continuar a me deixar ser tragada por essas recordações, vou acabar tendo uma parada cardíaca". Lembrou-se da matéria que leu a respeito de mulheres que contraíam câncer após a separação por não conseguirem dar a volta por cima.

O pensamento a fez sentir um superarrepio, a ponto de deixar a caixa cair de suas mãos. Ela a fechou rapidamente e juntou com as coisas que iriam para o lixo.

Ao abrir mais uma caixa, assustou-se ao ver seu conteúdo. Havia se esquecido completamente dele. Ali, guardara as cartas repletas de juras de amor que Alberto lhe enviara durante o namoro e o noivado. Ali também estavam guardados os cartões de Natal, de aniversário e de dia dos namorados que ambos enviaram um ao outro.

Júlia baqueou novamente diante de tudo. Pegou um cartão e começou a ler e ao mesmo tempo se entristecia a cada linha escrita. Ao perceber que estava sendo envolta por uma luz negra, soltou o cartão das mãos. Ela não podia se deixar abater.

"Tem um lado meu que quer me prender ao passado, que não quer o meu melhor. Não posso deixá-lo me dominar! Tenho de afugentá-lo de mim. Agora! Agora!", declarou Júlia.

A caixa também recebeu o mesmo destino das demais: lixo.

Ela reuniu também tudo o que havia na casa e a incomodava profundamente, tal como um simples pano de prato que só de olhar para ele o santo não batia, porém, nunca tomara coragem de parar de usá-lo e passá-lo para a frente.

Ela determinou que em sua casa, daquele dia em diante, só haveria e permaneceriam utensílios domésticos, móveis, objetos de decoração que ela gostasse e lhe fossem úteis. Caso contrário, passaria-os para a frente.

Após tomar essas medidas, Júlia teve a sensação de ter tirado pedras de seu sapato e agora podia andar mais livremente. Assim, os ambientes da casa pareciam mais amplos e tomados de uma energia parecida com a bela e gostosa brisa do mar.

Em meio a mais uma "faxina", encontrou também os discos de vinil dos cantores favoritos de Alberto, os quais não deveriam ter tanta importância assim, pois até aquela data ele não havia ido buscá-los, concluiu ela.

– F-o-r-a!!! – exclamou, enquanto os juntava numa pilha.

Lembrou-se, então, dos livros na estante que pertenciam ao ex-marido e que ele também havia se esquecido de ir buscar. Novamente, ela repetiu o que dissera e dessa vez num tom mais alto:

– F-o-r-a!!! Se quis partir de casa, meu anjo, que parta com tudo! Não quero mais nenhum resquício seu aqui!

Júlia foi pegando um por um os livros da estante, até formar uma pilha. Em meio à coleta, encontrou um romance que lera e gostara muito. Ao folheá-lo caiu de dentro dele uma folha de caderno cheia de anotações. Tratava-se de uma lista de resoluções a seu respeito para um Ano-Novo. Coisas que muito queria fazer por si, mas que nunca fizera e ela bem sabia o porquê, por ser Amélia. Júlia guardou a lista no meio de sua agenda telefônica e continuou a *faxina*.

Assim que terminou, lembrou-se também de que ainda havia roupas do ex-marido na casa, que ele também prometera buscar. Juntou todas em alguns sacos de plástico de 50 litros e, no dia seguinte, deixou-as juntamente com as pilhas de discos e livros na portaria do prédio onde agora Alberto residia.

18

Inconformada, Águida perguntou:

– A senhora tirou até os porta-retratos onde o Sr. Alberto aparece?

– Sim! – exclamou Júlia, com certo prazer.

– Não sente pena?

Júlia voltou o olhar para a velha empregada e, focando bem em seus olhos, perguntou seriamente:

– E ele, Águida, por acaso sente pena de mim?

A mulher ia dizer algo, mas Júlia a interrompeu:

– E no *apê* dele com a outra, tem alguma foto minha com ele num porta-retrato, por acaso? Ah! Vá, vá, vá, Águida, cresça e apareça!

19

Noutro dia, Águida teve uma nova surpresa com a patroa, ao vê-la trazendo consigo uma caixa com cerca de 1.244 fotos.

– Ai, meu Santo Padinho Ciço, o que a senhora pretende fazer com essas fotos? Não vai me dizer que vai pôr fogo?! Cruz credo!

– Vou!

– Credo em cruz!

– *Tô* brincando. Vou mandá-las para minha amiga, Suzana, que adora colecionar fotos de qualquer espécie.

– A senhora vai dar essas fotos? Mas não pode!

– Por que não?

– São fotos...

– Fotos de pessoas em épocas que não têm mais nada a ver comigo. Fotos com a família de meu ex-marido, os quais nunca mais me ligaram após a nossa separação. Por esse motivo, não me importo em doá-las, tanto quanto eles não se importam comigo.

Águida arregalou os olhos, surpresa. Júlia continuou:

– As fotos restantes são aquelas em que não apareço bem. Saí de olhos vermelhos, semi-abertos, com a boca aberta, amarelada. Para que ficar guardando fotos minhas que não refletem a minha fisionomia real? Não é show de horrores, é? Só guardei porque aprendemos que uma vez reveladas as fotos, elas têm de ser guardadas. Foi-se a época! Daqui *pra* frente o lema é: "revelei, não gostei? Lixo!" Só manterei as fotos em que eu sair bem, como fazem as atrizes e modelos.

Júlia ainda acrescentou:

– As demais fotos são de momentos descontentes e desagradáveis que passei em minha vida e por esse motivo não as quero mais. Dizem que é bom queimar esse tipo de foto e enquanto fazemos isso, termos em mente que estamos apagando de nossa vida, de uma vez por todas, esses momentos desagradáveis. Mas, preferi, em vez de queimá-las, enviá-las para a minha amiga.

Assim que Suzana recebeu as fotografias, ligou agradecendo a Júlia que, mais uma vez, constatou que podia sempre transformar o que lhe era desagradável em algo agradável para os outros.

Cada coisa que Júlia mudava de lugar ou tirava de sua casa lhe dava uma sensação de amplitude, como se estivesse abrindo espaço para coisas novas e boas entrarem na sua vida. Ao mesmo tempo que tirava tudo aquilo que não lhe servia, sentia como se o passado estivesse se retirando de sua casa. E ela, tal como a casa, com todas aquelas mudanças e reciclagens, adquiria uma cara nova e novos ares. Era como se ela estivesse ao mesmo tempo redecorando a si mesma. Ao decidir se dar uma casa cinco estrelas, ela também tornava-se uma mulher cinco estrelas.

Numa noite, pouco antes de ir para cama, Júlia seguiu até o jardim que ficava em frente à sua casa para tomar um pouco de ar. Respirou fundo o ar leve daquela noite de verão com prazer. Olhou para o céu e ficou admirando por instantes as estrelas presas no universo amplo e infinito.

Só então voltou sua atenção para o seu jardim que tanto amava e que ficara todo desfigurado, em ruínas, após ela ter perdido a vontade de cuidar dele, devido à depressão que a prendera à cama nos últimos meses. Sentiu um aperto no coração e uma tristeza profunda em vê-lo naquele estado, era como se ele fosse o reflexo do interior dela. Sim, ele se parecia com ela. O jardim havia sido deixado de lado, bem como ela, por causa da separação. Era preciso recuperá-lo, resgatar seu melhor, fazê-lo renascer das cinzas, assim como ela vinha fazendo.

No dia seguinte, logo de manhãzinha, Júlia foi até o CEASA comprar mudas. Queria o mais rápido possível reconstruir seu jardim como antes, belo e viçoso. Aproveitou também para comprar uma árvore da felicidade, que tanto quis, e o ex-marido nunca permitiu. Considerava importante ter uma para as pessoas se lembrarem da felicidade toda vez que olhassem para a planta. Comprou também vasos de flores para pôr dentro da casa, para que o brilho da natureza reinasse por lá, encantando os olhos, a alma e os sentidos. Ela estava decidida a manter sua casa toda florida por dentro, como se fosse primavera o ano todo.

Júlia refez todo o jardim, que logo voltou a florir e encheu seus olhos de alegria. Regá-lo todo dia era como um ritual da paz e do renascimento.

Ao deparar com os quadros que foram tirados das paredes, Júlia percebeu que não tinha mais vontade de pendurá-los novamente. Eles haviam sido escolhidos pelo Alberto. Na opinião dela, se alguma vez ele tivesse pedido, teria decorado sua casa com os quadros que ela própria pintava.

Pintar sempre fora seu *hobby*, que abandonou também por causa do ex-marido. Ela não se importou na época por ele ter preferido comprar quadros de outros artistas a pôr os seus. Mas, pensando melhor agora, aquilo fora uma desfeita, afinal, ela era uma excelente pintora. Assim, decidiu voltar a pintar para decorar sua casa, desta vez com suas próprias telas a óleo.

Júlia partiu, então, em busca de seu material de pintura que havia sido encaixotado há uns bons anos e guardado no quartinho de despejo. Armou o cavalete, comprou telas e começou pintando um quadro de natureza morta. De repente, a pintura começou a lhe provocar um mal-estar e ela logo descobriu o porquê.

"Por que pintar um quadro de natureza morta, se a natureza viva é muito mais bonita de se ver?", perguntou-se.

Ela queria andar pela casa e bater os olhos em quadros com gravuras alegres. Pôr-do-sol, o Sol com todo o seu esplendor brilhando imponente no céu. Girassóis lindos e viçosos, flores brancas em fundos vermelho, ou laranja, ou azul royal. Folhagens pintadas com verde-musgo e limão, enfim, todas as cores quentes e pastéis, que davam vida a um quadro e a um ambiente. Era isso que ela queria, quadros viçosos, alegres, assim como ela agora voltara a se sentir: viva!

Deixou o quadro de natureza morta inacabado, de lado, e se pôs a pintar o que ela chamou de "natureza viva". Júlia se empolgou tanto com a pintura que fez bem mais quadros do que precisaria para decorar sua casa. Os extras pôs para vender no seu *garage sale*, e eles fizeram um tremendo sucesso. Não só vendeu os que expôs, como recebeu inúmeras encomendas.

Assim que Jonas começou a pintar a parte superior do sobrado, Júlia e os filhos se acomodaram na grande sala, que agora se encontrava totalmente vazia. Espalharam os colchões pelo chão, e num cabideiro improvisado ela pendurou as roupas dela e dos dois meninos, já que seus guarda-roupas também seriam pintados. Tomariam banho no banheiro de empregada, até que os banheiros ficassem prontos. A criançada vibrou, pois tudo aquilo parecia um acampamento. Águida ficou novamente endoidecida com a poeira que saiu quando as paredes do andar superior foram lixadas.

– Não se aborreça, não há outro jeito de pintar se não recorrermos a isso! – explicou Júlia, que morreu de rir, ao encontrar Águida, preparando um chá de erva-cidreira para acalmar seus nervos.

– A senhora ri porque não é a senhora quem limpa a casa! – desabafou Águida.

– De fato, não sou eu. Mas dê graças à existência da sujeira e da desorganização, pois, caso contrário, não haveria por que requerer seus serviços. É porque a roupa suja tem de ser lavada e depois passada, concorda? Se tudo ficar limpinho, sem necessidade de ser lavado, ninguém vai precisar de empregada e faxineira.

– Ah! Mas tudo isso cansa!

– Você reclama demais, Águida. Nunca fizemos uma reforma na casa desde que aqui chegou e, minha querida, por mais que eu goste de você e compreenda seu cansaço, ainda assim, não pararei de fazer o que creio ser necessário fazer por mim e por minha casa!

– Mas, Dona Júlia, e se o Sr. Alberto voltar? Só quero ver a cara da senhora!

– Nem por ele eu deixo mais de fazer o que quero!

– A senhora vai se arrepender.

– Arrepender-me?

A mulher balançou a cabeça afirmativamente.

– Se ele não voltar, vai acabar sozinha... já pensou?

– Como assim? Eu posso muito bem arranjar um Ricardão para mim...

Águida baixou a cabeça. Havia pesar em seus olhos. Sentiu dó da patroa, ouvira dizer que no mundo lá fora tinha mais mulher que homem, que eles preferiam as mais jovens e bonitas. E a patroa, coitada, após o que passou, estava derrubada, não encontraria mais ninguém. Um bom partido, então, como o Sr. Alberto, jamais!

– Dizem que não há *homê* suficiente para o tanto de mulher que existe, a senhora sabia? Por esse motivo é bom segurar o que tem... minha mãe sempre nos ensinou: "ruim com ele, pior sem ele".

Baixando a voz, Águida confidenciou:

– O meu marido dá as escapadas dele, eu sei, já recebi até telefonemas anônimos, mas eu sou esperta, finjo que não sei de nada, *nadica* de nada. Não sou boba. De que adianta brigar? E se ele resolve me deixar por causa da outra? Eu, hein? Não quero acabar só, nem conhecida como uma das que levaram um pé... bem, a senhora sabe... Oh! Meu Santo Padinho Ciço, desculpe-me por ter falado assim – a mulher estava visivelmente arrependida e sem graça.

– Não foi nada. A gente não quer mesmo ficar só. Mas ter de se submeter a certas coisas para não acabar só, é o mesmo que ficar só! Como diz o ditado, antes só do que mal acompanhada.

Júlia saiu da cozinha, fingindo não ter sido tocada pelas palavras da empregada, mas elas haviam mexido com ela, sim. Se não encontrasse alguém para se juntar, acabaria só e ela não queria terminar sua vida solitária.

Naquele instante, uma dúvida pairou na sua mente: "seria essa a razão por esperar que Alberto voltasse para ela? Será que queria sua volta por ainda amá-lo ou pelo medo de envelhecer sozinha?".

Os pensamentos de Júlia se dissiparam ao entrar na sala e rever as paredes e o teto todos pintados na cor branco-neve. Era deslumbrante de se ver. A sala vazia parecia ainda maior. Até o cheiro da tinta lhe era aprazível. Ela sorriu para si. Começou então a pensar em como mobiliaria o ambiente, que antes era tomado de tanta mobília que mal dava para eles, os moradores, transitarem por lá. Tudo ideia de Alberto. Dessa vez, seria bom mobiliá-la, deixando espaços livres para que todos andassem por ali livremente, no estilo que ela descobrira denominar-se *clean.*

Júlia decidiu então visitar a loja de móveis dos seus sonhos, mas que nunca pusera os pés por ter fama de cara. Logo, descobriu que o preço realmente era um tanto salgado, mas compensava, afinal, eram de *design* único, não se viam em qualquer lugar, comprá-los seria como ter móveis exclusivos dentro de sua casa. Além do mais, davam um toque mais descontraído e moderno ao ambiente, e como não precisaria de muitos, ela percebeu que a compra seria acessível a seu bolso.

Júlia decidiu também comprar uma nova cama de casal, acompanhada de criados-mudos e um abajur de *design* moderno para remodelar todo seu quarto. Como pudera deixar passar desapercebido um detalhe tão crucial como aquele? Se queria se desprender do passado totalmente, tinha de modificar o quarto onde vivera com o ex-marido. O ideal seria até ocupar outro quarto da casa e foi exatamente o que fez. Dormiria a partir de então no de visitas, e o de visitas seria o seu antigo quarto.

20

Não levou muitos dias para o sobrado estar todo pintado por dentro. Com a ajuda de uma faxineira extra, ela e Águida limparam toda a casa de cima a baixo, com capricho e zelo. Júlia ficou certa de que jamais se esqueceria daquele momento em toda a sua vida. Aquilo era tal como dar um grito de independência e vida. Parecia até que ela havia se mudado para uma casa nova.

Logo os móveis novos foram entregues pela loja e distribuídos pelos aposentos. O mesmo fez com os antigos que optou por reformar e que agora pareciam tão novos quanto os que comprara.

Na hora de pendurar seus quadros, testou, primeiramente, diferentes arranjos antes de pendurá-los definitivamente, para obter uma boa disposição na parede.

Sempre fora da opinião de que a harmonia de qualquer ambiente pode crescer com uma boa disposição dos quadros. Lembrou-se também de que o ideal seria colocá-los na altura do olhar para dar um efeito mais bonito.

Júlia se maravilhou ao ver sua nova cama de casal sendo montada no seu novo quarto, agora pintado e prestes a ser decorado como sempre sonhara. "Um edredom branco com flores laranjas e folhagem verde-limão cairia muito bem sobre a cama", pensou Júlia, anotando na sua lista de compras.

Restava ainda uma coisa a ser feita, transferir suas roupas, que guardara em sacos plásticos, para o guarda-roupa do seu novo quarto. Havia tanta coisa ali para transferir que lhe tomaria pelo menos um dia. Mas nada de esmorecer. Arregaçou as mangas e disse para si mesma: "mãos à obra!"

Quando começou a tirar as peças de dentro dos sacos foi se vendo diante de roupas que não usava há tempos. Perguntou-se, então: "por que guardar todas essas roupas se não as uso e no íntimo não sinto vontade de usar? Para usar um dia quem sabe?". Entre elas, havia também peças de que não gostara, mas guardou porque ganhara de presente de entes queridos e achou chato passá-las para a frente. Mais uma bobagem.

Júlia juntou essas roupas e aquelas que só de bater os olhos lembrava-se de Alberto, e as pôs para vender no seu *garage sale.*

Uma vontade louca de preencher seu guarda-roupa somente com roupas novas, modernas, mais a ver com a nova Júlia que estava nascendo, tomou-a de assalto. Ficaria caro comprar tudo novo, mas faria aos poucos. Seria melhor ter dentro do armário meia dúzia de peças novas que combinassem com o seu novo eu, ou o seu verdadeiro eu que nunca pôde vir à tona, do que ter um bando de peças *démodé*.

Estaria ela a um passo da loucura se tomasse aquela decisão? Júlia sentiu suas mãos formigando e num impulso repentino começou a tirar tudo o que guardara até então no guarda-roupa, deixando ali somente o necessário até que pudesse ir a um *shopping* fazer compras.

Suas roupas, à venda no *garage sale* foram vendidas que nem água e com o dinheiro arrecadado ela pôde começar a renovar seu guarda-roupa.

Quando estava se pondo a caminho do *shopping center* para fazer suas compras, o seu lado perspicaz a lembrou de algo importante: "por que ir a um *shopping* se tudo ali era mais caro? Você pode comprar roupas modernas e de qualidade nas lojas do Brás e Bom Retiro. Júlia sorriu, agradeceu a si mesma e mudou de direção.

Aquela manhã foi uma aventura e tanto. Entra em loja, sai de loja, poderia ser desgastante, mas Júlia só sentiu depois um cansaço prazeroso, gostoso de ter.

Voltou para casa, pendurou as roupas no seu guarda-roupa e regozijou-se de prazer ao vê-lo agora tomado por roupas modernas e de cores mais alegres.

Assim que os filhos chegaram, Júlia os chamou até o quarto deles e lhes deu permissão para decorá-lo ao modo deles. Os meninos vibraram. Colaram pôsteres de seus super-heróis favoritos na parede e uma pequena bandeira do time favorito de futebol. Mas Júlia lhes fez um alerta:

– A partir de hoje vocês são totalmente responsáveis pela arrumação do quarto. Eu não vou mais ajeitar seus brinquedos e suas bagunças, nem Águida. Todos, cada um dos moradores desta casa, têm de exercer o dom da colaboração para que a casa continue assim, sempre bonita como está. E não adianta deixar tudo espalhado e desorganizado, pois se eu encontrar o quarto nessas condições proíbo vocês de saírem no fim de semana para a casa de seus amigos, como gostam tanto de fazer. Combinado?

Os filhos se entreolharam sem saber o que dizer. Júlia repetiu a pergunta:

– Combinado?

– Combinado!

– Pois bem, agora se arrumem que eu tenho uma surpresa para vocês!

– Uma surpresa? O que é? – animou-se Vitor.

– Vocês só descobrirão quando chegarmos lá!

– Ah! Fala, mãe, fala! – esperneava Bruno.

– Se eu falar, deixa de ser surpresa!

Os meninos mal podiam acreditar quando se viram dentro de um canil para onde eram enviados os cães vira-latas sem lar, tampouco quando a mãe disse a eles para escolherem um cão.

– Jura? – perguntou Vitor abobado.

– Juro!

– Fala sério...

– Estou falando seriíssimo!

– Mas... e...

Júlia fez uma careta antes de responder:

– Você se esqueceu? Seu pai não mora mais conosco, lembra?

Ter um cão sempre fora o sonho de Vitor, que teve de ser boicotado porque o pai não permitia cachorros em casa.

A sogra também era da mesma opinião que o filho. Na verdade, refletindo mais a respeito, Júlia chegou à conclusão de que Alberto não permitira que os filhos tivessem um animal de estimação por influência da mãe.

– Cuidar de um cão é quase ou praticamente igual a cuidar de um filho. Vocês têm suas obrigações para com ele, tal como passear diariamente, pôr o alimento na hora certa de eles comerem, levar ao veterinário vez ou outra e dar banho – informou Júlia aos garotos.

O cão foi escolhido e a felicidade de Bruno e Vitor foi tanta que até suas auras irradiaram alegria.

A casa finalmente estava totalmente pronta e com todo o brilho que uma casa nova, remodelada, redecorada consegue transmitir a seus moradores. Júlia foi até o grande espelho da sala de visitas e brindou sozinha com uma taça de champanhe para comemorar tudo aquilo. Pôs seu CD favorito para tocar e dançou como sabia, radiante e feliz por estar envolta naquela energia tão positiva que a casa e sua vida agora emanavam.

21

Cerca de dois meses depois, o outono já se fazia presente na cidade e, friorento, levava as pessoas a concluir que o inverno seria insuportavelmente gelado.

Os filhos chegaram do passeio com o pai e encontraram a mãe na casa, radiante como sempre, preparando o jantar. Júlia os abraçou com alegria.

– Papai perguntou da senhora – disse Bruno repentinamente.

Júlia disfarçou o espanto:

– E ele como está?

– Do mesmo jeito! Eu não gosto muito daquela mulher que mora com ele.

A fim de não incentivar o filho a criar ódio no coração, Júlia mudou de assunto.

– O que fizeram de interessante hoje?

– Brincamos muito!

Assim que os meninos subiram para o quarto, a lembrança do que Bruno lhe falou sobre o pai voltou à mente de Júlia. Sentiu seu peito se apertar e uma angústia amargar sua boca. Ela tinha, como ela mesma definia, exorcizado Alberto daquela casa e de sua vida, e, portanto, não havia mais por que sentir aquilo, e no entanto...

Aquela noite pela primeira vez desde as transformações que ocorreram em sua vida, ela dormiu e acordou mal. Passou o dia todo se sentindo esquisita, sendo cutucada pela antiga depressão. Aquilo começou a apavorá-la terrivelmente, pois tudo o que menos queria na vida era voltar àquela situação. O que fazer?

Júlia se voltou para o grande espelho e perguntou: "por que depois de todas as mudanças que fiz nessa casa para me esquecer de meu ex-marido, mudar minha vida, expressar minhas ideias e vontades, ainda assim fico mal toda vez que ouço falar alguma coisa dele, ou quando o vejo? Por quê?".

Júlia fechou os olhos e elevou seus pensamentos a Deus. Ao abri-los novamente, ela pôde ler no seu semblante refletido no espelho a resposta para a sua pergunta. Ficara bem por estar totalmente voltada à reforma da casa, agora que ela terminara, sua mente ficara livre e desocupada para enxergar o que a reforma a fizera esquecer. Aquilo era como o efeito dos antidepressivos, quando sob seus efeitos, tudo ia bem, quando terminavam de atuar no organismo, tudo voltava a ficar mal.

Só havia um jeito de combater tudo aquilo, só um, acreditava Júlia: manter-se ocupada, com a mente entretida. Ficar sem tempo para pensar no que houve de errado entre ela e o marido. Mas, o que fazer?

Foi nesse momento que seus olhos avistaram sua agenda telefônica repousando sobre a mesinha de canto da sala. "A lista! A lista de Ano-Novo!", exclamou ela empolgada. Ela a apanhou e leu com atenção. Nela estava escrito um dos seus maiores desejos, o qual também teve de relegar por Alberto não gostar: aprender dança de salão. Como ela queria aprender aquilo loucamente!

Sem mais pensar, Júlia decidiu procurar uma escola de dança de salão para se matricular. A caminho foi acometida de um dos piores males, entre todos que afetam o ser humano, a vergonha. Sentiu vergonha de se ver aprendendo a dançar naquela idade. O que os outros iriam dizer? Simples: "coitada, agora que o marido a trocou por outra mais jovem, está velha, foi aprender a dançar, como acontece com todas as mulheres cujos maridos lhes deram um pontapé no traseiro". O comentário a entristeceu, e por pouco não a fez desistir de seu propósito. Se não fosse seu lado positivo, sábio e perspicaz lhe dizer certas verdades, ela não teria ido atrás de seu sonho.

Júlia teve aqueles cinco minutos em que algo dentro dela se remexeu. Esperneou como uma criança que não quer ser contida, e disse para si mesma: "eu não vou ficar do lado da vergonha, do medo do que o outro vai pensar e dizer de mim, vou ficar do lado da minha realização pessoal! Quero mais é me realizar! O que os outros podem vir a falar de mim que falem, quero mais é me ouvir e não ouvir os outros com seus preconceitos, fofocas e limitações".

Foi fácil encontrar uma escola de dança de salão, já que aprender dança se tornou moda nos últimos tempos. Havia muitas delas espalhadas pela cidade. Matriculou-se!

Já na primeira aula, reencontrou um casal de amigos que teve de se afastar por causa do marido. Ele implicara com os dois por um motivo bobo. Reatou a amizade com ambos, e aquilo a fez se sentir mais feliz!

Durante os primeiros passos de dança, sentiu-se travada, mas nada de desanimar. "Aquilo era natural para uma pessoa que deixara de dançar havia praticamente vinte anos", lembrou-a seu lado mais sábio e perspicaz.

O professor de dança era um jovem lindo de olhos claros e se chamava Gustavo, era divertido e acolhedor, um incentivador nato, estimulava todos a se soltarem vez ou outra, berrando em bom tom: "soltem a franga! Nada de se tolherem por causa da vergonha! Todos estão aqui para aprender!". Aquilo provocava risos em Júlia. Pelo visto não era só a ela que a vergonha costumava atormentar.

No fim de cada aula, Gustavo, o professor, sempre pedia a todos os alunos que fizessem um círculo e se dessem às mãos. Depois, escolhia cinco alunos e lhes pedia para escolher uma página de um livro de mensagens para ler para todos. As mensagens lidas no primeiro dia de aula de Júlia pareciam ter sido tiradas propositadamente para ela, pois diziam exatamente o que ela estava precisando ouvir.

Desapegue-se do passado, deixe-o ir. Ninguém pode ser feliz preso a ele. Eu sei que você e muita gente gostaria que o tempo tivesse parado numa determinada fase de sua vida, aquela fase que considera a mais feliz. Mas não é assim que funciona. O tempo não pode parar. Ou aceitamos essa realidade ou sofreremos em vão. Ninguém pode destinar sua vida para caminhos mais felizes, concentrando-se no passado. É no aqui e no agora, exatamente aqui no presente que a vida se faz e sempre se fará, e é neste presente que você pode transformar sua vida num grandioso presente sempre.

Você está levando a vida muito a sério: a ferro e fogo. Levar a vida somente a sério nos endurece por dentro, dá-nos um coração de pedra. Muito do que se leva a sério, no outro dia, já o deixou de ser; ou só é sério para você, para o outro é uma piada. Lembre-se disso, relaxe, não deixe que a seriedade impeça-o de ter paz de espírito. Descontraia-se já!

Reflita... Quantas vezes você deitou no tapete da sala, esparramou-se entre as almofadas, à vontade, leve e solto como uma criança esta semana? Tá, tudo bem, este mês? Ok! E este ano? Isso não é coisa só de criança, é de adulto também, pois todos nós carregamos dentro de nós nossa criança interior que quando brinca nos dá uma sensação maravilhosa de paz. Portanto, solte-se! Deite e role no tapete, em meio a almofadas pelo chão, e relaxe. Se você é pai, mãe, tio, avô, avó faça isso com a criançada, elas vão adorar, e você também.

Quantas vezes você sorriu hoje? E na semana? E no mês?

Quantas vezes você sorriu para seus filhos, hoje? E na semana? E no mês?

Quantas vezes você sorriu com seus filhos, com o amor de sua vida, hoje? E na semana? E no mês?

Lembre-se: pesquisadores descobriram, recentemente, que rir doze minutos por dia faz bem à saúde física e mental. Rir faz uma tremenda diferença positiva na sua vida e nas dos que o cercam. É um ingrediente fundamental na construção da paz de espírito. Descontrair desestressa, dá-nos ânimo, reativa as energias. Então ria, ria, ria que a luz se irradia!

Embora você acredite que todos os seus problemas serão resolvidos se tiver dinheiro, a verdade é que ele não é a resposta para tudo. Muitas pessoas possuem mais do que precisam e, mesmo assim, continuam infelizes e problemáticas.

Após o término da leitura, o professor de dança pedia a todos que cantassem alto e em bom som com ele o refrão da canção "Jesus Cristo", de autoria de Roberto e Erasmo Carlos. Todos cantavam e, desde a primeira vez, Júlia sempre se arrepiava de emoção.

O ato fez Júlia se lembrar de que precisava nutrir seu lado espiritual, que ficara esquecido desde que a depressão e as revoluções em sua vida tomaram conta dela. Foi assim que ela, então, voltou a conversar com Deus. Levou tempo para perceber que apesar de tê-lo deixado de lado, Deus se manteve junto a ela o tempo todo.

A cada aula, ela agradecia a si mesma por ter se permitido encontrar forças em seu interior para ir atrás da escola, e com isso fazer novos amigos saudáveis!

O tempo foi passando e Júlia foi cada dia mais se dedicando à dança com entusiasmo e paixão. A sala onde eles aprendiam a dançar era cercada de espelhos para que os alunos observassem seus passos através deles. Júlia não só os aproveitava para isso, como também para se admirar dançando. Gostava do que via no espelho, o reflexo de uma mulher mais feliz, sendo quem era, expressando sua alma como Deus a fez.

Em meio a tudo aquilo, Júlia se surpreendeu consigo mesma ao se perceber atraída por Edgar, um colega da sala. Tinha a mesma idade que ela e, ao que tudo indicava, era solteiro e muito tímido, pois as aulas foram passando e nada rolou entre os dois, a não ser troca de olhares, papos ligeiros e rodopios pelo salão.

Ao se perceber gostando de Edgar, Júlia se preocupou, temia se envolver novamente com um homem e enfrentar tudo o que enfrentara de negativo ao lado de Alberto. Mas desta vez não foi o espelho, tampouco seu bom senso que a ajudou a superar seu dilema, e sim uma canção de Vinícius de Moraes que dizia: *"quem nunca curtiu uma paixão nunca vai ter nada não!... não há mal pior do que a descrença, mesmo amor que não compensa é melhor que a solidão...!"*

22

Certa noite, insone, Júlia decidiu visitar pela primeira vez um supermercado 24 horas. Foi lá que ela encontrou, para sua surpresa, Edgar, que, como sempre, manteve-se acuado por sua timidez.

Júlia decidiu, então, naquele instante, agir como as meninas modernas, em vez de esperar que seu paquera chegasse até ela, ela foi até ele.

Em meio às palavras costumeiras que trocavam, Júlia achou um momento oportuno para lhe sugerir:

– Que tal sairmos qualquer noite?

– Boa ideia! Vamos combinar um dia desses!

– Se não definirmos uma data específica para sairmos, esse dia ficará para o eterno amanhã, não é mesmo?! – ousou Júlia.

Edgar riu, avermelhando as faces.

– Há um Café do outro lado da avenida, que tal irmos tomar um agora? – ousou ela novamente.

– A-agora?

– Sim, já... *pra* que deixar *pra* amanhã o que se pode fazer hoje? Além do mais, você disse que está sem sono e eu também, conversamos até o sono resolver *pintar* em nós. O que acha?

Edgar riu e, para alegria de Júlia, aceitou o convite.

Durante o café cada um falou um pouco de si e a cada segundo que passava, Júlia notou que Edgar se soltava um pouco mais, tornando-se mais e mais descontraído e uma agradável companhia.

A certa altura do papo, ele quis saber o motivo pelo qual sua colega se separara do marido. Júlia preferiu não falar a respeito, apenas disse que um dia lhe contaria e ele a compreenderia. O papo daquela noite terminou com os dois combinando de saírem para jantar.

Na noite combinada, Edgar apanhou Júlia em sua casa. Ele se encantou ainda mais ao vê-la linda dentro de um vestido que lhe caía como uma luva, realçando suas curvas.

Durante o jantar, o homem tímido novamente quis saber o motivo pelo qual Júlia se separara do marido, e mais uma vez ela desconversou, confessando que gostaria de dançar numa discoteca qualquer dia desses. Para total espanto de Júlia, Edgar comentou que seria uma ótima ideia para fechar aquela noite.

– Topa? – perguntou empolgado.

– Topo! – respondeu Júlia tão empolgada quanto ele.

Os dois foram para a boate que ouviram dizer ser a ideal para a idade deles, e se esbaldaram como há muito tempo não faziam, até altas horas da madrugada.

– Fazia tempo que não me divertia tanto! – confessou Júlia, antes de sair do carro de Edgar, estacionado diante da casa dela.

O relógio já marcava 5h45 da manhã.

– Eu também – confessou ele, num tom sério.

– Muito obrigada.

Quando Júlia foi dar um beijo de boa-noite no rosto dele, o tímido Edgar, repentinamente, perdeu a timidez e deu um beijo demorado nos lábios macios daquela mulher, que o fascinou tanto desde que a conhecera mais intimamente naquela noite no Café.

23

No dia seguinte, Júlia dormiu até bem mais tarde e acordou se sentindo mais jovem. Tão nova que foi direto para o aparelho de som e pôs uma canção para tocar, e como sempre na altura que sempre gostara de ouvir.

Vitor não se deu conta, mas Bruno notou de imediato que a mãe parecia mais radiante e rejuvenescida; aquilo lhe alegrou o coração mesmo sem se dar conta do fato.

Desde a noite do beijo, Edgar passou a ligar para Júlia e convidá-la ora para pegar um cinema, ora para irem assistir a uma peça de teatro, ora para um jantar, ora para curtir os embalos de sábado à noite.

Cada dia mais que passava ao lado de Edgar, ela podia descobrir o quão encantador ele era. Sem perceberem, quando viram, estavam namorando para surpresa e espanto de Júlia.

Ela nunca pensou que um dia teria um relacionamento com outro homem, ainda mais Edgar que lhe parecera tão tímido e indisposto a namorar seriamente. A vida realmente pregava peças e surpresas.

Tudo estava bem entre os dois até que Júlia percebeu que o seu lado negativo estava novamente, sorrateiramente, voltando a atuar em seu interior, desta vez fazendo comparações entre Edgar e Alberto. Por sorte, seu lado perspicaz logo a lembrou de que o único intento dessa sua parte negativa era prendê-la ao passado e impedi-la de viver no seu melhor. Além do mais, era um equívoco fazer comparações entre os dois, já que eram diferentes física e intelectualmente. Comparações, num mundo onde tudo e cada segundo é completamente diferente um do outro, são simplesmente um absurdo.

Com essa tomada de consciência, Júlia calou seu lado negativo e pôde voltar a desfrutar o relacionamento com Edgar sem *neura*.

Durante as saídas do casal, Edgar, à certa altura do papo que desenrolava entre os dois, perguntou novamente para Júlia o motivo pelo qual ela se separara do marido. Como sempre, ela preferia não falar a respeito, apenas dizia que um dia lhe daria a devida explicação.

– O que você espera numa parceira? – perguntou ela, do nada.

– Alguém que me dê carinho... compreensão... alguém... – respondeu Edgar, timidamente.

– Alguém... – incentivou Júlia.

– Alguém como você! – confessou Edgar, conseguindo romper a barreira de sua insegurança.

Júlia fechou os olhos de emoção. Ao abri-los bateu com os dele, contemplando-a. Edgar, avermelhou-se, envergonhado.

– Há muito tempo eu me percebi interessada por você! – confessou Júlia.

– Eu já desconfiava, mas não tinha coragem de chegar até você! Foram sempre minhas namoradas quem chegaram até mim.

Júlia ergueu a sobrancelha:

– Acostumaram-no mal...

– Pois é! – riu Edgar.

– Você disse namoradas... e por que não deu certo com nenhuma delas?!

Edgar soltou um sorriso gostoso diante da pergunta e, fazendo uma careta engraçada, respondeu:

– Só respondo quando me falar sobre o motivo que levou você a se separar de seu ex-marido!

Júlia achou graça, mas preferiu ainda, por ora, não responder. No segundo seguinte, ambos mudaram de assunto completamente, e falaram de música, sonhos que ainda gostariam de realizar, entre outras amenidades.

24

Certa tarde a campainha tocou, pegando Júlia de surpresa, não esperava Edgar tão cedo. Convencida de que era ele, abriu a porta com um sorriso radiante no rosto. Foi saudada também por outro sorriso, só que não de Edgar e sim de Alberto. A visita pegou Júlia totalmente desprevenida e logo seu sorriso desapareceu por completo.

– Parece que esperava encontrar outra pessoa... – disse ele num tom calmo.

– De fato. Pensei que fosse o Edgar...

– Os meninos já me falaram dele, e vocês dois como estão? – havia certo ciúme por trás de cada sílaba pronunciada por Alberto, mas Júlia estava tão aturdida que nem notou.

– Estamos muito bem... e você? – ela teve o cuidado de pronunciar cuidadosamente a palavra "você", não queria que pensasse que ela estivesse perguntando sobre ele e a outra.

– Eu também vou bem...

Ao responder a pergunta, Alberto ergueu o olhar sobre os ombros de Júlia e exclamou:

– Os meninos me disseram que havia feito uma reforma na casa, mas pelo que vejo, você quase que construiu uma nova casa.

Júlia soltou um riso, porém disfarçou a ironia que saiu em meio a ele. Ela saiu da frente da porta, dando passagem para o ex-marido entrar.

– Posso?

– Por favor...

Alberto admirou cada detalhe da sala de visita e de jantar com uma expressão no rosto, que Júlia não soube definir, poderia estar gostando ou não. Ela não sabia, também pouco lhe importava. Quem tinha de gostar da casa era ela e não ele.

– Tenho que admitir que ficou genial a reforma. Você trocou até de sofá?

– É o mesmo, só mandei revesti-lo.

– Parabéns, acertou no tecido. Pelo visto, gosta do grande espelho, pois foi a única coisa antiga que manteve na sala...

– Ele tem, digamos, um significado especial para mim...

– E os quadros? De quem são?

– Meus. Voltei a pintar e tenho vendido pelo menos um deles por mês.

– Parabéns. Você escolheu tudo sozinha?

– Sim... por quê? Não me acha capaz para tanto?!

Alberto voltou o olhar para a esposa e pegou em suas mãos com delicadeza. Júlia sentiu certo frio na barriga assim que ele a tocou:

– Sempre foi mais capaz do que pensa...

Júlia fez um sinal com os olhos como quem diz "pois é...".

– Você está bem melhor agora... a reforma na casa lhe fez muito bem... você rejuvenesceu... sinto que está mais feliz!

– Estou mesmo, Alberto, sinceramente nunca estive tão feliz em toda a minha vida...

– Eu sei, eu sinto...

– E o que o traz aqui?!

– Nunca mais conversamos... queria falar a respeito dos meninos...

– A meu ver, eles estão indo bem...

– Estive na reunião de pais na escola, as professoras comentaram que eles tiveram uma mudança positiva de uns tempos *pra* cá. Na verdade, foi mais o Vitor quem mudou, parece mais dedicado à escola, empolgado, mais feliz... Acho que isso tem a ver com sua mudança... você sabe, ele sempre foi muito apegado a você...

– Sim, eu sei, mas ele também sempre foi muito apegado a você.

– Eu sei. Acho que ele seria mais feliz se tivesse o gênio do Bruno. Aquele não se encasqueta com nada, leva a vida na flauta...

– Mas cada um é cada um. Não podemos mudar ninguém, a não ser que a própria pessoa queira... só o que podemos fazer é ajudá-lo a mudar o que ele sentir que precisa mudar em si mesmo, para se dar melhor consigo mesmo e com a vida.

Júlia olhou profundamente nos olhos de Alberto e disse enfaticamente:

– Não concorda?

Tão logo Alberto partiu, Júlia fechou a porta e se apoiou contra ela. Uma súbita vontade de chorar emergiu de seu interior e ela, por mais que tentasse, não conseguiu controlar sua emoção e deu vazão ao choro que queria transbordar de dentro dela.

Dirigiu os olhos para suas mãos que haviam sido envoltas pelas de Alberto, o homem que ela amou profundamente, e uma nova torrente de lágrimas brotou de seus olhos, nublando totalmente sua visão.

Júlia foi se agachando, contorcendo-se, até ficar de cócoras. Abraçou-se como se quisesse ter um braço amigo para ampará-la naquele instante.

"Como pode, depois de tudo que ele lhe fez, existir ainda dentro de você algum sentimento por esse homem? Como pode?", perguntava-se.

“Foram vinte anos de vida conjugal e tanto tempo não é esquecido assim de uma hora para outra”, respondeu uma voz mental. “Um grande amor não vai morrer assim...”, cantarolou outra voz, fazendo-a chorar ainda mais profundamente.

Ela mudou toda a casa para tirar Alberto de cada canto, de cada fresta, de cada crosta. Tirou-o dos porta-retratos, do seu café da manhã, do seu dia-a-dia, do ar, da atmosfera que envolvia aquele canto do planeta, onde ela e os filhos residiam. Mudou os móveis, reformou os que não trocou para impedir que quando batesse os olhos neles se lembrasse do ex-marido. Transformou a si mesma por fora, para que, ao se olhar no espelho, não o trouxesse de volta à memória.

Tirou Alberto de todo lugar possível e inimaginável da casa para não se lembrar mais dele, no entanto, todas aquelas medidas que tomou ainda não foram suficientes para afugentá-lo de uma vez por todas de sua vida. Pois bastava vê-lo, ouvi-lo, ser tocada por ele que seu mundo desabava. Por quê? Por quê?

Novamente Júlia mergulhou num choro dolorido e exasperado. “O que fazer? Onde encontrar a resposta?”, uma luz então clareou seus pensamentos e uma rajada de tranquilidade a atingiu. Não havia por que se desesperar, ela sabia onde encontrar as respostas para suas perguntas. Júlia foi até o grande espelho da sala e se postou ali.

– Estou aqui! – disse ela.

Olhando para seu reflexo no espelho, que lhe permitiu ver o que não se via de verdade, que esquecera de olhar para si mesma durante todos aqueles anos de casada, e então perguntou:

– Por que depois de tudo o que mudei em mim e ao meu redor para tirar para sempre Alberto de minha vida, ainda dói vê-lo? Sei que o que sinto por ele agora não é mais amor. Será, então, ódio, raiva pelo que ele me fez?

Júlia silenciou-se e respirou fundo. O silêncio, então, tomou conta do ambiente. Júlia respirou fundo novamente, sentiu que seu coração batia forte, levou sua mão direita até ele e a apertou contra o peito como que se quisesse confortá-lo.

Fechou os olhos e, então, elevou seus pensamentos a Deus. Ficou assim por alguns minutos e, quando voltou a abri-los, encontrou a resposta refletida no seu próprio olhar.

De fato, ela tirara Alberto de todos os lugares possíveis que a cercavam, mas havia ainda um espaço de onde ela ainda não o havia tirado: dentro dela mesma.

Ele partira daquela casa, mas ainda residia ali no interior de Júlia. Talvez não por inteiro, mas parte dele. E toda vez que o via ou ouvia seu nome, o que ficara dentro dela, esperneava como uma criança enraivecida.

– Como posso tirá-lo de mim? Como?!

Júlia mergulhou num momento de introspecção por alguns minutos até ser despertada por uma voz em sua mente, ou ao lado dela, dizendo:

– Perdoando, perdoando...

Perdoá-lo? Conseguiria? Só de pensar em ter de perdoá-lo, sentia uma inquietação inchar-lhe as veias de seu corpo e um ligeiro tremor emanar de seu interior. Seria realmente aquilo que faltava fazer para poder se libertar de Alberto para sempre? A pergunta ecoou na mente por mais alguns segundos, mas sem resposta.

Ela podia ao menos tentar, não custava nada... só tentando é que descobriria se era funcional ou não. Quem sabe com o perdão, pudesse abrir novos horizontes de si, deixar expressar o que havia ainda de melhor de dentro dela, um melhor que não fizera ideia existir dentro do âmago do seu ser.

Aqueles pensamentos foram enchendo Júlia de força e coragem para se olhar novamente nos olhos sem titubear, como se olhasse nos olhos de Alberto, para dizer:

– Eu lhe perdoo por tudo de mal que me fez. Eu lhe perdoo... Alb... Alber...

Nesse instante, a imagem do marido contando que a havia traído, a cena de quando ele saiu de casa e dele saindo da padaria com a outra voltaram a passar em sua tela mental repetitivamente, trazendo à tona todo o sofrimento que passara por causa dele. A lembrança dos meses que passara entrevada na cama, dopada de calmantes para encobrir sua amargura e revolta diante de tudo aquilo também surgiram naquele momento.

Júlia expirou o ar para tirar a tensão de dentro dela e, com profunda concentração, repetiu, olhando para seus próprios olhos:

– Eu lhe perdoo por tudo de mal que me fez. Eu lhe perdoo... Alb... Albert...

Ela não conseguia pronunciar o nome do ex-marido, mas era preciso, ela precisava perdoar para se libertar, mas, não conseguia. Pelo visto, um lado seu não a deixava e não queria, e por esse motivo ficava trazendo à tona as lembranças do que ele lhe fizera.

Por quê? Logo ela se lembrou: era seu lado negativo, aquele que não queria o seu bem e por isso agia assim, parecendo estar a seu favor, mas no fundo indo contra ela, seu bem maior. Ela tinha de se ver livre dele, se quisesse de uma vez por todas solucionar aquilo. Com mais força ela repetiu:

– Eu lhe perdoo por tudo de mal que me fez. Eu lhe perdoo... Al... Al...

Júlia soltou um suspiro nervoso, desconsolada e admitiu:

– Eu não consigo. Eu não consigo perdoar-lhe!

Prestes a desistir, uma nova luz pousou sobre ela. Ao percorrer os olhos pela sala que refletia no espelho, seus olhos pousaram num de seus quadros a óleo favoritos, talvez o mais bonito e marcante que já havia pintado até aquela data. O rosto de Jesus. Jesus... Jesus... ecoou seu nome em sua mente por instantes... alguém de que há tempos não se lembrava. Tampouco de suas sábias palavras: "procure ver o bem acima do mal".

Se ela fizesse aquilo, ela poderia enxergar de fato coisas realmente boas em sua vida que vieram à luz após a separação. Coisas que foram permitidas serem expressas, após Alberto tê-la deixado por causa da outra.

Se a separação não houvesse ocorrido, ela não teria descoberto que tolhera toda sua essência durante boa parte de sua vida e não poderia tê-la expressado e vivido a emoção de descobrir que podia expressá-la. Não só isso, se ele tivesse mantido a outra sem contar-lhe nada a respeito, ela não teria vivido todas as transformações que viveu após se encarar no espelho, naquele mesmo espelho.

Por sorte, o ex-marido havia lhe revelado a verdade. Doera sim, mas fora melhor. Sim, tudo aquilo fora melhor acontecer daquele modo, ao menos para ela. Na verdade, não seria ousadia, nem hipocrisia, dizer que poderia agradecer Alberto por ter feito tudo o que fez.

Graças à separação, ela encontrou Edgar e juntos vinham desfrutando coisas deliciosas que há muito já não existiam mais entre ela e o ex-marido. Na verdade, coisas que nunca fizeram juntos e nunca fariam, por Alberto não gostar. Sim, era verdade, tinha de olhar para o bem acima do mal. Buscar o bem acima do mal.

Após aquelas constatações, Júlia se encarou novamente no espelho e, com naturalidade e tranquilidade, disse:

– Alberto, eu te perdoo por tudo o que fez para mim! Eu realmente te perdoo do fundo do meu coração. Perdoo, perdoo, perdoo... E te agradeço pelos filhos maravilhosos que junto de ti pude ter.

Júlia sentiu seu peito se desanuviar de tensão e ser preenchido de paz e amor. Agora ela sabia que podia seguir em frente pela vida afora, sem mais carregar dentro de si rancor e mágoa por Alberto, que tanto lhe faziam mal.

Sabia também que para o perdão se solidificar realmente dentro do coração de cada ser humano, era preciso perceber o bem em meio ao mal. Compreender razões positivas em meio a negativas, como Jesus ensinou à humanidade. Assim, Júlia agradeceu a Jesus por suas sábias e eternas palavras, e ao espelho mais uma vez por tê-la feito lembrar-se Dele.

25

E assim...

...A vida de Júlia seguiu cada vez mais excitante em meio às aulas de dança de salão, os bate-papos com os colegas de sala, o prazer de alimentar-se saudavelmente, tratar-se como se fosse uma visita... O prazer de morar numa casa decorada como sempre sonhara, vestir roupas novas, dançar e se expressar à vontade, pintar e vender seus quadros, namorar e se esbaldar nos embalos de sábado a noite, ser uma mãe cada vez mais saudável para seus filhos etc.

Independência e vida era seu grito de guerra.
Sorte, saúde, sucesso, paz e alegria era sua nova era.

Uma das colegas de Júlia das aulas de dança de salão era dona do jornal de bairro mais popular da região e, ao saber de toda a revolução que Júlia fizera em sua vida, convidou-a para escrever no jornal. Teria uma coluna semanal, na qual daria dicas para as mulheres que queriam reformar suas casas fazendo uso da técnica BBB (bom, bonito e barato) e para aquelas que estavam sofrendo de depressão por uma separação ou um rompimento afetivo.

Júlia ficou surpresa com o convite e, quando estava prestes a recusá-lo por não se achar capaz de fazê-lo, e por nunca ter feito algo do gênero, seu lado mais sábio e perspicaz a lembrou de que aquele pensamento era mais uma vez fruto de sua parte negativa. Ela pensara o mesmo no passado com relação a muita coisa, e descobriu, quando ousou expressar-se e arriscar, ser melhor naquilo do que pensava. Esse seu lado a lembrou também que ganhar dinheiro a mais era sempre bom. Assim, ela aceitou o convite.

Os conselhos de Júlia para reformar a casa e a vida pessoal eram simples, porém, preciosos para que uma pessoa tivesse êxito. Sua primeira matéria dizia assim:

"É importante transformarmos nossa casa num local mais agradável e bonito para se viver, pois é nela que passamos dois terços dos dias de nossa estada no planeta. Portanto:

Atenção na hora de escolher a cor para pintar as paredes dos aposentos de sua casa, escolha uma que toda vez em que bater os olhos, você se sinta bem. Não pinte as paredes de bege, caso deteste bege. Lembre-se de que as cores claras são as mais indicadas para pintar os aposentos pequenos, pois ampliam o ambiente. Isso vale também para os móveis e piso. Há sempre a possibilidade de clarear um assoalho de madeira, ao usar tapetes de sisal ou chenile de cor clara.

Reveja a distribuição de sua mobília, observe se não há um jeito mais prático e bonito de distribuí-la pelos ambientes de sua casa. Experimente as posições até achar a mais adequada ao seu espaço. Não encha sua casa de móveis, mobília demais dificulta o transitar dos moradores e a limpeza.

Decore com carinho e atenção sua sala de estar, ou sala de televisão, pois é onde geralmente os moradores passam a maior parte do tempo.

O nosso quarto merece atenção especial na hora de decorá-lo, pois é onde repousamos. Quanto mais agradável for sua decoração, melhor você se sentirá dentro dele e quanto melhor se sentir, melhor será sua noite de sono e os momentos de amor que viverá ali. Um quarto, digamos, gostoso, ajuda, entre tudo o mais, a espantar a insônia, caso ela venha visitá-la e resolva passar uma temporada com você. Pinte as paredes com cores claras, branco-neve ou tons pastéis. Instale luzes amenas e um abajur para ler um livro, ou uma revista antes de dormir, não há sensação mais gostosa do que ler acomodado numa boa cama e com uma iluminação adequada.

É primordial que a cama seja confortável e o travesseiro macio e ortopédico. As roupas de cama, lençol, fronhas, edredon, também merecem ser macios e gostosos. Evite cores escuras, assim como cortinas e colchas nas cores vermelho, azul-escuro, bordô, marrom, verde-musgo, entre outras.

O banheiro de casa merece atenção também, pois é nele que fazemos nossa higiene diária. Escolha sabonetes e xampus cujas fragrâncias sejam uma tradução de sua essência.

Ouse buscar usar roupas de cores e estilos novos, que nunca tentou antes. No inverno procure usar roupas de cores alegres e não somente as cinzas, pretas e marrons. O inverno por si só já é cinza, introspectivo e nos faz mais jururu. Se não adicionarmos um pouco de cor quente a ele, metaforicamente falando, sentiremos mais frio. Experimente vestir malhas nas cores laranja, amarelo-canário, rosa-claro, azul-ultramar, verde-bandeira, azul-royal, entre outras festivas e quentes, e note que o clima toma outro aspecto e o seu astral muda.

Mantenha em casa somente porta-retratos com fotos de momentos felizes e não tristes. Acenda incensos vez ou outra. Além de perfumar o ar, acalma-nos e, segundo os orientais, espanta os maus fluídos. Acenda velas também, elas deixam o ambiente mais intimista e espiritual.

E tão importante quanto tudo que foi dito: reforme sua casa, mas não se torne escrava da limpeza e da arrumação. Muitas pessoas transformam e limpam sua casa, porém não se dão liberdade para usufruí-la à vontade só para manter a limpeza e a organização. Casa foi feita para ser usada à vontade. Com liberdade! Sujou, limpe. Desorganizou, reorganize. Estragou, conserte!

Mantenha a casa limpa, mas cuide de você! Há pessoas que deixam sua casa limpa, arrumada e perfumada, porém, consigo mesmas são desleixadas, vestem-se e se perfumam mal e não tomam os devidos cuidados para manter seu físico sadio. De nada adianta ter uma casa nessas condições se seu físico ficar um caco. As pessoas vão abraçar você e não sua casa, bem como seu parceiro afetivo.

Uma pessoa que cuida bem de seu físico e mente, relaxa no chuveiro, usa um perfume que sente traduzir sua pessoa, sua essência; uma roupa íntima que a faça ser e se sentir sensual, aquela roupa que sente ter tudo a ver com ela, indiscutivelmente torna-se uma pessoa que sente mais prazer de estar consigo mesma, tanto quanto os outros se sentem mais à vontade de ficarem ao seu lado.

Agora, faça tudo isso para sentir-se gostosa e cheirosa para você, e não para o outro. As pessoas que são gostosas, atraentes e sensuais, são assim porque se cuidam para ficarem de bem consigo mesmas, e não para agradar os outros. Cuide-se bem sempre e não somente para ir a encontros amorosos. Cuide-se bem para manter a saúde, o sorriso estampado no rosto, a aura repleta de fluídos de paz, amor e satisfação de ser quem é, sua essência, sua alma.

Júlia deixava bem claro para suas leitoras que reformar a casa, mudar o guarda-roupa, realizar seus desejos relegados, encontrar um novo amor, entre muitas outras coisas, eram, sem dúvida, atitudes magníficas para fazer uma mulher, ou também um homem, renovar sua vida, sair da depressão, encontrar a saída quando se vê presa a um túnel escuro e estreito, renascer das cinzas, em que foram transformada após o divórcio. Mas, com o perdão, essa renovação tornava-se muito mais ampla e significativa. E que todos se lembrassem do conselho de Jesus: veja o bem acima do mal, pois tal atitude solidificava o perdão.

A coluna no jornal logo se tornou muito popular entre as mulheres dos bairros por onde o jornal transitava. Assim, Júlia logo começou a receber cartas das leitoras, contando o quanto suas dicas as estimularam a mudar suas vidas, pondo em prática suas vontades há tempos tolhidas, tais como reformar a casa, criar um novo estilo de ser e se vestir, e com tudo isso como passaram a se amar mais e a expressar melhor seus sentimentos. Tudo aquilo a surpreendeu, jamais pensou que suas dicas teriam tanto efeito positivo nas pessoas.

26

Em meio à sua nova vida, meses depois, Júlia tirou um tempo para fazer um *checkup* de saúde. Assim que o médico terminou de examiná-la voltou-se para ela e disse:

– Precisamos tirar uma radiografia de seus seios, Júlia. Não há por que se alarmar, fique calma, mas durante o exame descobri um ou dois caroços rente ao seu seio esquerdo.

Ela não conseguiu esconder o baque que as palavras do médico, apesar de ditas com tato, provocaram em seu interior. Percebendo seu estado, ele a confortou:

– Acalme-se. O caroço pode ser benigno, pensemos positivo, esperemos o melhor.

Júlia voltou para casa àquela tarde, sentindo-se ausente. Andando como se flutuasse. Estava decidida a não contar sobre aquilo a ninguém, nem mesmo a Edgar. Fingiria que estava tudo bem, normal como sempre. Assim fez e todos acreditaram nela.

Um câncer? Quimioterapia?! Tudo aquilo ela não suportaria. Sofrer mais ainda depois de tudo que passara? Era injusto, ela não merecia. Não ela. E se não tivesse cura...

Ela não queria a morte, não mais, na depressão ela a quisera, sim, como ninguém, mas agora, após todas aquelas transformações que fizera em sua vida, ela queria a vida, só a vida, toda a vida...

Que loucura, um dia querer morrer e noutro querer desesperadamente viver. Havia ali uma lição bem dada pela vida para ela: nunca despreze a vida.

O exame foi realizado e tudo que restava agora era aguardar o resultado. Ansiosa e dominada por seu lado negativo que só via e esperava o pior de tudo, Júlia passava horas rolando na cama, tentando pegar no sono. Estava preocupada e decepcionada com a vida por ter de enfrentar mais aquilo. Apesar de não deixar transparecer para os outros, ela sabia que estava começando a ser tragada novamente pela depressão.

– Não quero mais voltar a consumir antidepressivos, calmantes e remédios. Não quero mais gastar um centavo com nada disso. O que há de errado ainda comigo? O que?

As perguntas de Júlia saíam atropeladas em meio às lágrimas quentes e desorientadas. Calou então seus pensamentos e ficou ali isenta de qualquer raciocínio. O ambiente também foi envolto pelo silêncio total.

Alguns segundos, minutos talvez, passaram até que o silêncio fosse rompido, despertando Júlia de seu absorto e recluso mundo sem ideias. Era, ao que parecia, o estalo de uma madeira. Júlia sorriu para si mesma e disse em voz alta:

– O velho estalo de madeira.

Graças a ele, ela deixara seu quarto para descobrir sua procedência. Nunca a descobriu e agora ela se lembrava o porquê. Porque na última vez que saiu em busca de sua origem descobrira o espelho no qual pôde ver que se esquecera dela ao longo dos anos, e com isso começar toda aquela mudança profunda em sua vida. Na verdade, ela não fez mudança alguma, apenas deixou sair de dentro de si quem era ela de verdade, na sua essência, na sua alma.

"Os estalos de madeira...", murmurou ela. Novamente ela seguiu ao encalço deles, porém desta vez já sabendo aonde eles iriam levá-la: ao grande espelho da sala de visitas. Diante de seu reflexo, ela mergulhou em seus olhos refletidos ali, elevando seus pensamentos a Deus.

Só foi despertar, ao perceber que havia palavras, ecoando em sua mente: perdão... perdão... perdão... doenças... "O perdão tem o poder de curar doenças". Ela havia lido algo a respeito, sim, sobre o poder de cura do perdão... onde, quando? Pouco importava... mas o que mais poderia ela perdoar se a Amélia já havia perdoado tudo? A

Amélia já perdoara ao ex-marido e tudo aquilo de negativo a que tinha se submetido.

Júlia riu ao se ver se chamando novamente de Amélia. Fora uma Amélia por crer que Amélia era a mulher de verdade para agradar um homem, viver em função dele, encaixar-se às suas normas e desejos.

Mulher de verdade? Uma ova! Era odioso revê-la como Amélia. Sentia sua pele pipocar só de lembrar que fora uma Amélia... Amélia... Amélia... seus olhos se fixaram nos seus próprios, refletidos no espelho e então algo iluminou suas ideias naquele instante.

Faltava, realmente, algo importantíssimo a ser perdoado, o ingrediente primordial, definitivo para renascer das cinzas por completo: perdoar a si mesma.

As pupilas dos olhos de Júlia se dilataram e se iluminaram naquele instante. Ela se levantou e, ficando novamente diante do espelho, olhando profundamente em seus olhos, disse para si mesma:

– Eu lhe perdoo, Júlia, por ter sido Amélia. Eu lhe perdoo... do fundo do meu coração. Perdoo-lhe por ter sentido ódio e raiva de você. Ódio principalmente por ter acatado tudo o que o marido lhe dizia, sem contestar. Perdoo-lhe por ter se achado estúpida para deixar que seu marido fizesse de seu ouvido um penico, por tê-la feito de capacho, recipiente de lamúrias, por ter sido tão cega, tão sonsa, tão tapada. Perdoo-lhe por ter sido, além de sonsa, fútil, cheia de manha, mimada, cheia de não-me-toque, não-me-reles, dondoca, surda e cega para não perceber que estava sendo uma Amélia e que toda Amélia não é uma mulher de verdade. É uma mulher pela metade.

"Perdoo-lhe por ter relegado suas vontades em nome do amor, por achar que era assim que se expressava um verdadeiro amor... por ter caído em depressão... por ter criado ilusões a respeito de seu ex-marido. Perdoo-lhe por ter acreditado que ele voltaria. Eu lhe perdoo, e agora você pode seguir adiante, livre, leve e solta, voar, voar, voar, como o pássaro Fênix em toda sua magnitude e esplendor. Voar com toda a magnitude e esplendor da mulher na sua melhor e mais pura essência de ser. Voar com as asas que Deus lhe deu... Eu lhe perdoo... perdoo-lhe... e a amo!

"Amo-a mesmo quando foi Amélia. Amo-a mesmo que volte a cometer erros, mesmo assim. Pois, se soubéssemos que iríamos errar, não seguiríamos o caminho errado, feito isso ou aquilo... por tudo isso, merecemos o perdão, assim como todos o merecem por errar, crendo ser o melhor... Eu lhe perdoo e a amo mesmo assim!"

Uma sensação gostosa de alívio foi crescendo e se propagando em seu coração a cada frase que atravessava seus lábios. Logo sentiu que cada órgão de seu corpo se envolvia com a mesma energia. Era uma sensação indescritível, miraculosa, sobrenatural.

Desde então, Júlia tirava pelo menos dez minutos por dia para ficar diante do espelho e fazer aquele exercício do perdão. Cada dia mais se perdoava com muita determinação, permitindo-se sentir na alma o poder que cada perdão produzia em seu interior. Com isso foi se sentindo mais e mais saudável.

Havia dias, é lógico, que seu lado negativo a atazanava dizendo que tudo aquilo era besteira, que câncer era difícil de ser curado e tudo o mais. Mas ela suspirava fundo e com carinho libertava de si esse lado negativo, perdoando-o por existir.

O laudo médico constatou não haver câncer para a surpresa do próprio médico, mas não de Júlia. Ela já esperava por esse resultado, não por querer acreditar, mas por ter uma certeza sobrenatural dentro de si.

Na noite daquele dia, após terminar seus afazeres, quando ia se recolher, Júlia se deteve diante do grande espelho de sua sala de visitas. Desta vez olhava para ele em si e não para o seu reflexo.

Repentinamente começou a rir alegremente. Se contasse para alguém que todo o seu processo de renascer das cinzas surgiu por ter ido atrás de estalos de madeira para descobrir sua procedência, as pessoas achariam que ela estava louca. Ela mesma pensava estar louca. Onde já se viu dar importância a estalos de madeira?

Mas o fato é que eles aconteciam em momentos, diria ela, estratégicos e foram eles que a estimularam deixar seu quarto, descer as escadas novamente, fazê-la se ver diante do espelho e descobrir tudo aquilo a respeito de si mesma. Eles a ajudaram a redescobrir a vida.

Eles... eles... ou alguém, cujos olhos não viam que o andar pela casa provocava os estalos. Mas quem? Alguém do Além, com certeza. Um amigo espiritual, uma força espiritual. Um, dois? Quantos? Ela não sabia, só sabia que, se um dia ela tivesse de saber quem fizera aquilo por ela, a vida iria lhe revelar...

A única coisa mais certa naquilo tudo era, o quanto ela era grata àquele que a levou ao espelho. Eternamente grata.

Júlia sorriu mais uma vez, jogou um beijo para seu reflexo e para o quadro de Jesus pintado a óleo, e subiu a escada, saltitando como uma adolescente no ápice de sua alegre juventude.

Alguns meses depois...

Edgar e Júlia estavam sentados ao lado de Alberto na formatura do ensino fundamental de Vitor. Após a entrega dos diplomas, os alunos fizeram uma homenagem aos pais e cada estudante entregou um presente para seus respectivos pais.

Vitor cumprimentou primeiramente a mãe, depois o pai com um abraço apertado, e por último Edgar, que em breve tornar-se-ia seu padrasto, e por quem Vitor parecia ter profundo carinho. Ao se desvencilhar de seu abraço, o menino estendeu para ele o presente e disse com carinho:

– Para você!

– Para mim?! – o ato surpreendeu Edgar, bem como Júlia e Alberto.

Edgar ergueu o menino nos braços e lhe deu novamente um forte abraço e perguntou, contendo-se para não chorar:

– Por que para mim?

Vitor respondeu em seus ouvidos baixinho:

– Por ter feito minha mãe voltar a sorrir novamente...

Edgar sorriu e o abraçou outra vez, mas não mais conteve as lágrimas que atravessaram seus olhos, mesmo estando fechados.

No final daquele mesmo dia, em meio a um bate-papo descontraído, Edgar resolveu insistir mais uma vez na pergunta:

– E, afinal, quando vai me dizer por que seu casamento acabou? – perguntou ele de repente para Júlia.

– Creio que agora – respondeu ela segura de si.

– Agora?! – a resposta tomou Edgar de assalto.

– Sim... – respondeu Júlia calmamente.

Edgar fez uma careta engraçada como quem diz: "estou esperando, vamos diga por que seu casamento terminou!".

– Para a gente poder se conhecer e ficar juntos...

Edgar riu e, abraçando, Júlia acrescentou:

– Foi por esse mesmo motivo, hoje percebo, que os meus relacionamentos anteriores também não deram certo... serviram apenas de pontes para que eu me achegasse a você – e a beijou profundamente, irradiando uma paixão verdadeira com a promessa de ser para a vida toda...

Todos nós somos reduzidos a cinzas
pelo menos uma vez na vida
E podemos renascer delas através do perdão
Da renovação, do poder de ver o bem acima do mal
Da arte de sorrir cada vez que a vida diz não
Ao se dispor a fazer bem ao coração...
Somos mulheres e homens Fênix
atravessando a vida
Nas asas do perdão, da transformação,
da renovação
Do amor a Deus e a si próprio se faz
a alma da vida...

Leia agora o primeiro capítulo do livro
"VIDAS QUE NOS COMPLETAM"

Numa vida passada...
Paris, fim do século dezenove...

Os olhos de Veronique Lafayèt demoraram-se pensativamente no cavalheiro que subia as escadas. Seu nome Johan-Marcel Chevalier. Um homem bonito, distinto, o tipo de homem que enlouqueceria qualquer mulher, principalmente as inocentes.

– Com licença? – disse ela, polidamente.

A monumental figura voltou-se para Veronique e lastimou:

– Esmola, a esta hora, minha querida?! Faça-me o favor...

– Não, meu senhor, não venho lhe pedir esmola alguma.

O homem franziu as sobrancelhas com certa irritação.

– Diga logo a que vem, então.

– Meu nome é Veronique. Sou amiga de Pauline... Pauline Laroche.

– E daí?!

Pelo tom de Johan-Marcel, Veronique logo percebeu que ele não havia gostado que ela o houvesse procurado.

– É que Pauline não está nada bem, meu senhor. Caiu de cama há dias com uma febre muito forte... O médico até agora não sabe ao certo o que ela tem.

Ele a interrompeu sem nenhum tato:

– Então, queres dinheiro para comprar remédios para ela? Pois bem, vou te dar algum.

– Não venho em busca de dinheiro, meu senhor. Em absoluto. Vim apenas informá-lo do que se passa com Pauline... Talvez o senhor queira lhe fazer uma visita, o que seria muito bom, iria deixá-la muito feliz. Ela não para de falar no senhor... Está com saudades... Com ódio da doença que interrompeu os encontros entre vocês dois.

– Eu não ouvi direito. Não posso estar ouvindo direito. Estás querendo que eu visite uma mulher adoentada cujo mal não se sabe ao certo o que é? Pode ser transmissível, pôr em risco a minha vida, é isso?

De repente, Veronique não sabia mais o que dizer. O cavalheiro continuou no seu tom ácido:

– Sou um homem respeitado na sociedade, com uma esposa linda e saudável, tenho um nome a zelar, não posso me arriscar a ser contaminado por uma doença... ainda mais não diagnosticada.

– Mas eu pensei que amasse Pauline.

– Amar? E desde quando se ama uma amante? Já és grande o suficiente, minha jovem, para saber que amantes existem para os homens casados realizarem na cama o que não podem realizar com suas esposas... Terminado o intercurso, eles voltam para as suas esposas e filhos... é sempre assim, tolas aquelas que acreditam que com elas será diferente.

Ele enfiou a mão no bolso do sobretudo, tirou da carteira algumas notas e estendeu para Veronique.

– Tome, é para ajudar no tratamento da tua amiga.

Veronique olhou enojada para ele.

– O senhor não entende... O que Pauline mais precisa agora, neste momento, é do seu amor, do seu carinho, da sua presença, nem que seja por um ou dois minutos apenas. Nenhum remédio pode ser tão eficaz quanto uma palavra de carinho, um gesto, um beijo da sua parte.

– Dinheiro serve tanto quanto tudo isso que tu acabaste de falar.

– O senhor não pode estar falando sério.

– Chega de manha, menina, pega logo essas notas... Elas vão ser bem úteis para ti.

– O senhor tem muito a aprender sobre a vida.

– E tu tens muito a aprender sobre dinheiro.

– O senhor... O senhor é nojento... Tenho pena, muita pena de Pauline por ter se apaixonado por um mau-caráter como o senhor. Uma garota linda e inocente como ela não merecia isso. Eu a avisei, avisei o tempo todo que amante não tem vez... Mas ela não me ouviu... Que pena... Quis tanto poupá-la desse sofrimento, mas ela não me ouviu...

Ele soltou um riso, pareceu para ela ser de descaso, mas no íntimo foi de nervoso. Uma certa tensão, uma vibração esquisita circundou Johan-Marcel, provocando-lhe um arrepio estranho e diferente. Sem deixar transparecer o abatimento, ele reforçou suas palavras:

– Põe este orgulho de lado e pega este dinheiro, garota, vais te arrepender se não pegá-lo agora.

– Seria melhor que o senhor morresse para ela.

– Seria melhor, minha querida, que ela morresse...

– O senhor é cruel.

– Sou realista.

– Se houver justiça nessa vida, em algum lugar desse infinito, o senhor há de pagar pelo que está fazendo à minha amiga querida. Há de sentir na pele o mesmo que ela está sentindo. Há de sofrer o mesmo que ela está sofrendo.

– Não te esqueças, minha jovem, de que ela está sofrendo porque quis. Tu mesma disseste que a alertou.

Veronique baixou os olhos, não havia como contestá-lo. Ainda assim, sentiu um ódio profundo engrossar e ferver seu sangue. Em seguida, Johan-Marcel arremessou as notas contra ela de forma tão grosseira que por pouco não acertaram sua face. Mas Veronique desprezou o dinheiro, permaneceu olhando fixamente para ele, fulminando-o com os olhos. Ele cuspiu no chão, foi até ela, agarrou-lhe firmemente os braços e, mirando fundo em seus olhos, cuspiu-lhe as palavras seguintes:

– Não me causes problemas, garota, pois eu acabo contigo, sem dó nem piedade.

– Sei que é bem capaz disso. Disso e de muito mais.

– Agora, fora daqui! Fora daqui antes que eu perca a paciência contigo.

– O senhor vai se arrepender de tudo isso um dia...

Ele tornou a olhar para ela, pegou firme no seu queixo e o moveu conforme sua vontade enquanto dizia:

– Eu? Arrepender-me do que? Quando e onde um homem com uma casa maravilhosa como esta, rico, bem-sucedido nos negócios, com *status* social, precisa se arrepender de alguma coisa na vida? Onde e quando, responde-me?

Ele soltou o queixo dela bruscamente.

– Agora some daqui! Antes que o teu cheiro vulgar de cortesã de cortiço de lixo infeste a minha roupa e a minha morada.

Sem mais, Johan-Marcel deu as costas para Veronique e subiu o último lance de escada que levava até a entrada de sua casa.

Pelo caminho de volta para o cortiço onde ela vivia com Pauline Laroche, Veronique, por mais que tentasse, não conseguia tirar da cabeça a imagem de Johan-Marcel, tampouco o ódio que sentia por ele e que estava se alojando em seu coração, com uma vontade louca de ficar ali para sempre, ainda que o sempre se transforme sempre.

...

Pauline Laroche, jovem de 19 anos, cabelos de um louro avermelhado rosto sardento, nem feio, nem bonito, agradável; queixo excepcionalmente quadrado estava estirada numa cama velha colada a uma parede desbotada e encardida do humilde quarto do cortiço em que vivia com Veronique Lafayèt.

Sua ansiedade queimava tanto quanto a febre que judiava do seu corpo. Assim que sua colega de quarto entrou no aposento seus olhos brilharam. Perguntou:

– E então, falou com ele? – a pergunta saltou de sua boca como que por vontade própria.

Veronique se viu incerta quanto ao que dizer. Ela sabia que o elo ao qual Pauline se agarrava desesperadamente para se manter viva era a esperança, a esperança de um dia poder viver ao lado de Johan-Marcel sob o mesmo teto, como marido e mulher, como toda mulher no íntimo sonha viver ao lado do homem que tanto ama. Se ela lhe dissesse a verdade, aquele elo iria se romper, levando sua amiga querida à morte, o que seria triste e inaceitável.

Por tudo isso ela tinha de ocultar-lhe a verdade, a todo custo, ainda que latejasse dentro de si a vontade de lhe expor cristalinamente quem era Johan-Marcel no íntimo, expor todo o seu mau-caráter, embora soubesse que Pauline dificilmente acreditaria em suas palavras, por estar cega de paixão.

– Sim, falei com ele. – respondeu Veronique, por fim.

Um suspiro de alívio atravessou o peito cansado e arquejante de Pauline.

– Que bom... Que bom... – sibilou ela, com certa alegria. – E quando ele virá?

Outra pergunta cuja resposta havia de ser omitida.

– Ele não virá. Não agora, não pode. Está muito ocupado. Pede-lhe desculpas.

O desapontamento estampou-se imediatamente na face febril de Pauline.

– Não virá?! Não pode! Como não pode?!

Veronique sentou-se na pontinha da cama, olhou com carinho para a amiga adoentada e procurou confortá-la com palavras:

– Eu sinto muito, Pauline. Sinto mesmo. No entanto, assim que você estiver melhor você...

– Preciso vê-lo! – exclamou a enferma, sufocando a voz da amiga. – Se ele não pode vir até mim, irei até ele...

– Ir até ele?! Perdeu o juízo de vez, Pauline? Se você sair dessa cama e enfrentar o tempo frio e úmido que está lá fora, você morre. Está me ouvindo? Não ouse sequer pensar nessa possibilidade.

Foi como se Veronique nada houvesse dito. Pauline pegou a xícara com o resto de chá que estava sobre o criado-mudo e repetiu o que dissera:

– Preciso vê-lo... Se ele não pode vir até mim...

A declaração tirou literalmente Veronique do sério. Ela bateu as mãos com força sobre suas coxas, levantou-se e ficou a andar de lá para cá pelo pequeno aposento, irritada. Quando Pauline tornou a repetir o que dissera, Veronique perdeu as estribeiras e acabou contando à jovem tudo o que havia se passado entre ela e Johan-Marcel naquela noite.

– Compreendeu agora por que ele não pode vir, Pauline? – explodiu Veronique. – Compreendeu?!

Vagarosa, muito vagarosamente, com seus olhos fixos nos de Veronique, Pauline levou a xícara mais uma vez até os lábios. Sorveu um pouco de chá e depois disse:

– Ele me ama... eu sei, eu sinto.

Deu mais um golinho e acrescentou:

– Ele prometeu se casar comigo. Só pediu-me um tempo para ajeitar as coisas, só isso...

Veronique bufou irritada. Contou até dez para não ter um novo rompante, mas foi em vão. Tornou a explodir:

– A esposa dele está grávida, Pauline. Grávida, compreendeu? Isso significa que ele não vai largar dela para ficar com você!

Pauline, respirando agora com mais dificuldade, defendeu-se:

– Ele não contava com essa gravidez, Veronique, por esse motivo é que ele foi obrigado a adiar sua separação da esposa para poder ficar comigo.

– O pior cego é aquele que não quer ver – comentou Veronique mais para si mesma do que para sua ouvinte. Sem poder mais suportar aquilo, deixou o quarto, batendo a porta com toda força.

...

Pauline ficou sozinha com seus pensamentos e a febre, a causticar seu corpo, roubando-lhe cada vez mais o sopro da vida. "Pauline", exclamou seu coração, tomado de súbito pânico: "Você não pode perder Johan-Marcel. Não pode! Ele é a razão do seu viver. Vá atrás dele... Declare todo o seu amor... Ele precisa saber definitivamente o quanto o ama!".

"É isso mesmo o que eu preciso fazer o quanto antes", afirmou Pauline para si mesma. "Além do mais eu tenho de provar, agora, mais do que nunca, para Veronique, que o amor que Johan-Marcel diz sentir por mim é real. Que eu não sou uma simples aventura na sua vida como ela insiste em querer acreditar. Eu preciso vê-lo a qualquer custo, nem que isso custe a minha vida. Antes, morrer matando a saudade de rever meu homem amado, ouvindo da sua boca que não me ama realmente, do que morrer de saudade e dúvida".

Crepúsculo, dia seguinte...

Pauline Laroche já estava há cerca de uma hora aguardando ansiosa pela chegada de Johan-Marcel a sua casa. Assim que o viu saltar da carruagem e se pôs a subir a bela escadaria que levava à suntuosa entrada da mansão onde vivia com a esposa, a jovem adoentada foi até ele.

Pauline avançou, vagarosamente, como se estivesse hipnotizada. Seus olhos, vermelhos de febre, ardiam agora de emoção por poder rever o homem amado. Mas antes de chegar até ele, hesitou, os olhos baixaram, voltaram-se para aqui e para ali, como que buscando apoio. Havia medo agora, um medo infindo de se dirigir a ele e descobrir que tudo o que Veronique lhe contara e ela fingira não ouvir, era verdade.

Por fim, Pauline despiu-se do medo que a impedia de seguir em frente. Aproximou-se de Johan-Marcel tão silenciosamente que ele só notou sua presença quando ela tomou-lhe o braço. Ele virou rapidamente a cabeça na direção dela e fuzilou-a com seus olhos, de um azul-claro, penetrante e arguto.

– O que é isto? – exaltou-se ele, tendo o cuidado para não elevar a voz. – Ficaste louca?

– Precisava vê-lo, Johan-Marcel. Estava morrendo de saudades.

– Solta-me – pediu ele tentando se livrar das mãos de Pauline.

– Não está feliz por me ver?

– Feliz?

– Sim, meu amor.

– Tu achas que eu posso estar feliz sendo agarrado por uma mulher que está doente e pode me deixar tão doente quanto ela? Ora, enxerga-te, garota, põe-te no teu devido lugar.

– Eu preciso do seu amor, Johan-Marcel. Preciso mais que tudo. Quero ficar com você, casar-me com você o quanto antes.

– Por acaso achas – disse ele num tom áspero apontando o dedo indicador contra a face dela – que eu ia perder todo este conforto por tua causa? Para morar num cortiço? Não creio que foste capaz de acreditar numa coisa dessas.

Johan-Marcel não foi além disso, pois Pauline cobriu suas palavras, dizendo:

– Quer dizer que tudo o que me dizia era mentira?!

Ela parou, incapaz de continuar a falar. Então, acenou grave e tristemente a cabeça, dizendo:

– Fui uma tola. Uma tola por acreditar em você. Acreditar que me queria do mesmo modo que eu o queria. Que pudesse me dar todo o amor que eu estava disposta a dar para você. É verdade, a mais pura verdade, agora sei, quando dizem que o que começa errado, no fim, acaba errado. Que amante é sempre amante. Nunca será outra coisa senão amante.

– Terminaste?

– Sim.

– Se tu sabias disso o tempo todo por que te espantas?

– Porque sou uma mulher, e os sentimentos de uma mulher são sempre verdadeiros. Quando nós amamos, amamos de verdade.

– Por esse motivo é que são chamadas de tolas e bobas... O defeito das mulheres é amar demais. Fazer do amor o elixir da sua vida. Ninguém deve amar tanto alguém... Deve-se amar e só...

– E isso basta para você?

– A luxúria basta para qualquer homem. Agora, deixa-me em paz, sua branquela, esquálida, doente.

Subitamente, um grito atravessou os lábios finos, delicados e rachados pela febre de Pauline; a jovem caiu de joelhos junto a Johan-Marcel, agarrou-se na barra de sua calça e protestou:

– Eu sei que me ama. Eu sei... eu sinto...

Johan-Marcel girava a cabeça ao redor tomado de desespero. Receoso, profundamente receoso, de que algum conhecido ou mesmo desconhecido estivesse nas imediações e presenciasse toda aquela comoção.

– Solta-me, antes que alguém me veja nessas condições – ordenou ele com rispidez.

Ele suava tanto por baixo das vestes que sua roupa começava a transparecer o suor.

– Solta-me – repetia ele, tentando soltar suas pernas das mãos de Pauline, que se mantinham presas às barras da calça como se fossem dois torniquetes. Ao atingir o cume do desespero, Johan-Marcel deu um safanão na moça com a perna até se libertar dela. Pauline chorou ainda mais, um choro dolorido.

– Não faça isso comigo – suplicou desesperada.

Ele rapidamente voltou o olhar para os lados e, ao se ver seguro para falar, bramiu:

– Fora daqui, doidivanas, e nunca mais me procures. Estás ouvindo? Nunca mais me procures. Quando me vires por acaso pelas ruas da cidade finge que não me conheces. Esquece definitivamente que me conheceste um dia. Porque eu já me esqueci, esqueci de tudo. Tudo não passou de um erro, um equívoco, uma ilusão. Agora, fora daqui antes que tu arruínes minha vida. A vida que batalhei muito para conquistar. Fora!

Vendo que ela não se levantava. Johan-Marcel pegou-a firmemente pelo braço e assim que a pôs de pé, puxou-a escada abaixo abruptamente. Ainda que seu gesto fosse abrupto, sem tato algum, e sua mão apertasse seu braço, com toda a força, Pauline estava tão desesperada que nem se deu conta do que se passava, tampouco da dor que aquele aperto lhe causava. Johan-Marcel arrastou a amante até uma pequena praça que ficava a uns trezentos metros de sua residência. Quando lá, soltou-a, mirou-lhe a face, os olhos e explodiu novamente:

– Fora da minha vida!

Pauline caiu sobre ele, dobrando-se, contorcendo-se de dor que se irradiava pelo seu peito e estômago e tomada por aquela febre assassina.

– Sem você, sem o seu amor, prefiro morrer...

O rosto dele tornou-se ainda mais vermelho de cólera antes de afirmar:

– Pois então, morre! M-o-r-r-e!

Nunca, em toda a vida de Johan-Marcel, as palavras haviam saído de seus lábios com tão completa e forte malevolência. Um peso negro desceu pela testa de Pauline, atingiu a boca do estômago, fazendo-a sentir-se ligeiramente nauseada. Em seguida, estremecia de dor e mal-estar.

Johan-Marcel ajeitou o colarinho, a gravata, passou a mão pelo sobretudo para tirar qualquer amassamento, ajeitou os cabelos, deu as costas para a jovem e partiu, pisando duro, espumando de raiva.

"Seu idiota, seu asno...", repreendia-se, "como é que você foi se deixar envolver com uma *coisa* dessas?! Este caso poderia ter estragado sua vida, toda a sua vida. Todo o seu esforço e sacrifício... Onde estava com a cabeça?!"

Pauline ficou ali, caída na grama... O único som que se ouvia no local além dos grilos, era o de seus soluços de decepção e dor.

...

Geraldine Chevalier, esposa de Johan-Marcel, que acabara de chegar do médico, o qual passara a visitar periodicamente desde que se descobrira grávida, observou toda a cena que se passara há pouco entre o marido e a amante por uma fresta de uma das janelas de sua casa que dava para a rua.

Ela parecia ser uma mulher simples, muito afeiçoada ao lar, mas por algum motivo não parecia feliz. Havia, às vezes, uma expressão ansiosa em seus olhos que não se coadunavam com o espírito tranquilo que aparentava ou se esforçava para que os outros assim a vissem.

– Você está bem? – perguntou ela quando o marido entrou.

Por mais que tentasse, Johan-Marcel não conseguiu esconder o susto que levou ao encontrar a mulher ali aguardando por ele.

– S-sim – gaguejou. – Estou bem. Por que não haveria de estar?

Havia um certo constrangimento na voz dele agora. Ela sorriu apática e perguntou:

– Quem era aquela jovem?

– Jovem? Que jovem? – fingiu ele espanto.

– A que se agarrou na sua perna há pouco.

– Ah! Uma mendiga qualquer querendo alguns trocados. Eu me recusei a dar e ela protestou, acredita? Ninguém aceita ouvir um não. Quando é não, é não.

Geraldine olhou para o marido com outros olhos. Havia certa desconfiança por trás deles, agora. Ao perceber o fato, Johan-Marcel foi até ela, beijou-lhe a testa, tratando de envolvê-la em seus braços.

– O que foi? – perguntou num tom ainda mais constrangido. – Por que esse olhar triste?

– Uma sensação, uma sensação esquisita... como se uma quentura me envolvesse. Como se...

– Como se? – incentivou o marido.

– Como se você ocultasse alguma coisa de mim.

Ele recuou a face, mirou fundo nos olhos da jovem mulher, e perguntou:

– Eu, ocultar algo de ti, meu amor? Nunca. Jamais. Entristece-me saber que desconfias de mim.

– Sei que não mentiria para mim, tampouco me trairia com outra mulher, só que, às vezes, receio que o que sei, é na verdade, o que quero acreditar, e não a realidade.

– Para de pensar em bobagens, meu amor. Ofendes muito minha pessoa te ver assim desconfiada do meu caráter.

– Desculpe, querido, não quis ofendê-lo.

– Desculpo. Mas que isso não volte a se repetir.

O marido tornou a envolver a esposa em seus braços apertando-a fundo contra seu peito. Acariciou-lhe os cabelos e percebeu que sua mão tremia. Aquilo tudo o deixara perturbado, gravemente perturbado, constatou.

Enquanto a esposa se deixava relaxar em seu peito, Johan-Marcel voltou seus pensamentos para Pauline e seus olhos se inflamaram de ódio, um ódio mortal.

Em silêncio, ele desabafou consigo mesmo: "se aquela miserável estragasse minha vida eu seria capaz de..." Se ela fora capaz de pegá-lo desprevenido em frente a sua casa, seria capaz, bem capaz, de entregar à esposa o caso que ele vinha tendo com ela há quase dois anos e meio. Mulheres jovens e apaixonadas já são fáceis de perder a cabeça, enciumadas e doentes tornam-se ainda mais desmioladas.

Que Pauline não lhe causasse problemas. Seria melhor, bem melhor terminar aquele caso com ela de uma vez por todas. Ele já tentara, mas não conseguira, toda vez que se percebia disposto a pôr um ponto final as palavras lhe fugiam da boca... Algo em Pauline o enfeitiçava... Algo que Geraldine não podia lhe dar... algo que nenhuma das outras mulheres com as quais se envolvera até então, pudera lhe dar... O que seria?

A voz da esposa despertou-o dos seus pensamentos.

– Estive no médico esta tarde. Está tudo bem com o bebê.

O marido sorriu, fingindo-se encantado. Assim que ela se desprendeu dele para ir até a cozinha mandar servir o jantar, Johan-Marcel ficou admirando-a, seguindo o caminho... As palavras da esposa tornaram a ecoar na sua mente: "Está tudo bem com o bebê...". Mas havia um peso esquisito sobre aquelas palavras, por entre as vogais e consoantes, um peso, quase uma ameaça, de algo... algo que Johan-Marcel não soube decifrar o que era... O que seria?

...

Enquanto isso, Pauline permanecia caída sobre o gramado da pequena praça, se esvaindo em lágrimas.

– Moça?! – perguntou um rapaz que se aproximara tão vagarosamente que ela nem percebeu.

Sem obter resposta, o rapaz se arrojou ao lado dela e levou sua mão direita imediatamente até os seus cabelos, passando a alisá-los, como uma mãe faz para acalmar um filho que desperta de um pesadelo. Aquele era de fato um sonho para Pauline, um sonho que se tornara pesadelo.

– Oh, minha linda... – murmurou o rapaz baixinho, jovem, de face morena e angelical.

Só então Pauline voltou o olhar para ele. Apesar do desespero e dos olhos embaçados pelas lágrimas, reconheceu-o imediatamente. Tratava-se de Giuseppe, rapaz humilde, da mesma idade que a sua, que também vivia no cortiço e gostava dela há muito tempo, mas nunca recebera atenção de Pauline.

Ele a havia seguido assim que a viu saindo em surdina do cortiço. Por saber que ela se encontrava doente, temeu que ela passasse mal e precisasse de socorro. Não ousou impedi-la de sair porque conhecia Pauline como a palma de sua mão, teimosa como era, sabia que de nada adiantaria repreendê-la.

Por tê-la seguido, Giuseppe pôde presenciar, mesmo à distância, tudo o que se passara entre ela e o amante.

– Eu sinto muito, Pauline – acrescentou Giuseppe –, sinto muito mesmo. Você precisa ser forte. Eu sei que falar é fácil, mas é tudo que nos resta. Venha, querida, vamos para a casa. Esse sereno não lhe fará nada bem, doente como está...

– Deixe-me aqui, Giuseppe.

– Deixá-la?

– É... quero morrer.

– Não diga isso, Pauline... ninguém tem o direito de tirar a vida de ninguém, nem nós, a nossa. Seja por qual motivo for.

– Eu não quero mais viver... Para que viver se o homem da minha vida não me quer?... Mas eu sei que ele me ama, eu sei que, no fundo, ele me ama...

A voz dela foi desaparecendo. Parecia estar adormecendo. Giuseppe passou o braço em volta da moça adorada, e com muito esforço a pôs de pé. Assim, conduziu-a para o caminho que os levaria de volta ao cortiço onde viviam.

As pernas de Pauline tremiam tanto que ela mal podia andar. Se não fosse Giuseppe a guiar-lhe os passos...

Quando os dois chegaram ao cortiço, o estado de Pauline era lamentável. Arquejava profundamente, como se tivesse ficado submersa na água durante muito tempo. Seu rosto parecia ainda mais sem vida. Sua lucidez por um fio. Giuseppe teve a impressão de que ela morreria asfixiada em poucas horas.

Evelyne, uma das muitas prostitutas que moravam no cortiço, mulher sempre disposta a ajudar quem precisasse, ao ver Giuseppe amparando Pauline em seus braços, tratou logo de ajudá-lo.

– O que houve com ela? – perguntou aflita. Antes que ele respondesse, Evelyne voltou-se para Pauline e a repreendeu seriamente: – Você não devia ter saído da cama, Pauline. Não neste estado. Perdeu o juízo, por acaso?

Com toda a paciência que lhes ia na alma, Giuseppe e Evelyne deitaram Pauline na sua humilde cama e trataram imediatamente de enxugar o suor que escorria por todo o seu corpo causticado por aquela febre ardente e constante.

– Ele... Ele me ama... eu sei que me ama... – murmurava ao léu.

Para baixar a febre, Evelyne decidiu fazer compressas pelo corpo todo da moça e enquanto fazia isso, orava baixinho, pedindo a Deus por sua melhora. A jovem tremia tanto que Evelyne receou que ela morresse ali, de repente, em seus braços.

– Ai, meu Deus – exclamou tensa –, que Veronique chegue aqui o mais rápido possível.

Foi com muito custo que Giuseppe deixou Pauline acamada para ir ao trabalho naquela noite. Só foi mesmo porque Evelyne prometeu ficar de olho nela e dar-lhe os medicamentos até que Veronique estivesse de volta do trabalho. Foi com o coração opresso que Giuseppe partiu.

Enquanto isso, Johan-Marcel procurava se livrar daquela sensação esquisita que lhe sombreava a alma. Uma sensação esquisita e assustadora. Por mais que nutrisse ódio por Pauline, ondas e ondas de calor se interpunham em seus pensamentos maus; voltavam lembranças dos momentos felizes que vivera ao lado dela na cama e que o prendiam ao seu lado após o ato consumado.

Algo raro, e ao mesmo tempo preocupante. Ele nunca quisera se envolver com mulher alguma senão para sexo.

Era por volta da meia-noite quando Veronique voltou para o cortiço. Assim que entrou no quarto e avistou Evelyne sentada ao lado da cama de Pauline, seu coração por pouco não parou.

– Evelyne, o que houve?

– Acalme-se – disse em tom de súplica.

Ao ver Pauline arquejando profundamente e ardendo em febre, uma súbita onda de pavor estremeceu seu corpo inteiro.

– Ela está pior, bem pior do que quando a deixei aqui nesta manhã.

– Está pior porque saiu ao cair da noite.

– Saiu? C-como?!

– Saiu sozinha. Quando voltou estava já respirando com muita dificuldade e ardendo em febre. Eu e Giuseppe a trouxemos para o quarto e ficamos aqui.

– E seu *trabalho,* Evelyne?

– Ora, Veronique, não podia deixá-la sozinha. Vale mais uma amiga do que qualquer trocado.

– Você é formidável. Nem sei como agradecer-lhe.

– Ela está repetindo o nome de Johan-Marcel com intervalos cada vez mais curtos.

– Aquele demônio. Então é isso? Ela foi atrás dele. Na certa para perguntar a ele, olhos nos olhos, se o que ele me disse era verdade ou não. Pobrezinha. A revelação deve tê-la derribado. Maldito. Maldito Johan-Marcel. Nojento. Peçonhento.

– Aposto que é casado.

– Sim. Casado e a esposa está grávida.

– Deve ter iludido a pobre Pauline só para levá-la para a cama...

– Exato. Depois prometeu que iria se separar da esposa, casar-se com ela, inclusive, e a tola, de coração inocente, acreditou. Quando soube que ela adoecera, não quis mais saber dela por medo de ser contaminado pela doença.

– Que salafrário.

– O pior é que eu avisei Pauline. Não caia nesta, Pauline. Sai disso. Tudo que começa mal, acaba mal. Você é bonita, ou melhor, linda... Merece se apaixonar por um homem livre, inteiramente livre para você. Não precisa tornar-se amante. Respeite-se. Mas ela não me ouviu, por mais que eu a aconselhasse, meus conselhos entravam por um ouvido e saíam pelo outro... No fim, como sempre acontece com os que dão conselhos, acabei me tornando chata e desagradável.

– A decepção vai matá-la. A maioria de nós é muito frágil diante das decepções que a vida nos traz, especialmente as decepções que o amor nos traz. Se é que podemos chamar esse sentimento de amor.

Os lábios intumescidos de Pauline novamente se moveram para pronunciar o nome de Johan-Marcel, provocando uma súbita onda de desespero em Veronique.

– Eu odeio esse homem. Odeio-o profundamente. Se eu fosse Deus faria o possível e o impossível para devolver-lhe todo o mal que ele está causando à minha amiga querida, pois só sentindo na própria pele é que percebemos o que causamos aos outros...

Pauline interrompeu o que Veronique dizia, com uma torrente de tosse seca. Evelyne tratou logo de pegar um copo d'água para dar para a jovem. Veronique permaneceu estática assistindo à cena inconformada, decepcionada, esvaindo-se em ódio e revolta.

Entregue à decepção, à tristeza e à depressão, Pauline teve cada vez menos forças para lutar contra a terrível enfermidade que se abatia sobre ela. Seu guia espiritual procurava lhe inspirar pensamentos bons, insuflar sua mente e, ao mesmo tempo, encher seu coração de coragem, energia e luz, mas a frase dita por Johan-Marcel Chevalier com todo o ódio e força continuava a vibrar na cabeça da jovem impedindo que qualquer ajuda lhe causasse bem. "Então, morre... M-o-r-r-e!"

Pauline Laroche faleceu uma semana depois daquela data, mais pela decepção, tristeza e depressão do que propriamente pela misteriosa doença que invadira seu corpo.

Veronique Lafayèt queria muito que o corpo da amiga querida recebesse a bênção de um padre, todos, porém, disseram-se muito ocupados para atender a seu pedido. Ela estava certa de que se Pauline fosse da alta sociedade eles teriam tempo de sobra.

Ao contar às amigas prostitutas que viviam no cortiço, uma delas, indignada, prometeu trazer um padre urgentemente. Nem que tivesse de fazer uso de chantagem. O que de fato foi preciso, caso contrário nenhum deles teria aparecido para abençoar o corpo de uma coitada, alojada num cortiço, onde moravam muitas cortesãs.

Quando o sepultamento terminou, as poucas amigas de Pauline partiram, restaram apenas Veronique, Evelyne e Giuseppe. Veronique permanecia olhando para a lápide como se estivesse em transe. Evelyne, então, passou a mão por suas costas e disse:

– Ela morreu por amor. Ela morreu em nome do amor.

– Amor? – indagou Veronique irônica. – Que espécie de amor é esse que definha uma pessoa até tirar-lhe o sopro da vida, sem dó nem piedade? Sempre ouvi dizer que o amor vem para nós para nos alegrar, fazer-nos perceber qual é o sentido da vida. E, no entanto, por mais que eu tente, eu não encontro nada disso de bom no amor. Na verdade, eu o encaro como um demônio fantasiado de anjo.

Evelyne opinou:

– O amor não acontece de forma tão triste com todo mundo como aconteceu com nossa amiga, Veronique. Muitas pessoas têm mais sorte. Infelizmente, Pauline nasceu desprovida dessa bênção. Na verdade, penso que ela foi envolvida nessa situação para que pudesse aprender algo. Algo que possa a vir a ser útil numa vida futura.

Veronique lançou um olhar de soslaio para a amiga e entre dentes falou:

– Pois se houver outra vida, eu quero nascer diferente, Evelyne. Quero nascer capaz de devolver aos homens, que fazem de nós mulheres tontas, bobas e estúpidas, só para levarem-nos para a cama, todo o mal que eles nos causam. Para que sintam na própria pele a dor que isso nos causa, principalmente, aquele demônio...

– Demônio?

– O demônio que Pauline amava. Era o demônio... nada mais do que o demônio. Se não fosse, não teria agido como agiu. É ele, é ele que eu quero que experimente o mesmo que causou a Pauline. Para saber como é difícil, tortuoso sofrer por amor... morrer por amar tão apaixonadamente um homem.

– Cuidado com o que deseja, Veronique. Pois pode se tornar realidade.

– E quero que se torne mesmo.

– Ainda assim, cuidado. O desejo de vingança pode atingir bem mais do que aqueles que almejamos nos vingar. Pode atingir quem você ama também. Tudo o que decidimos fazer quando estamos com raiva sempre nos leva a perceber que não se deve fazer nada quando se está com raiva. Porque são atos sempre cruéis que, cedo ou tarde, pesam sobre nós de forma desagradável.

Veronique estava tão entregue aos seus pensamentos de rancor, tristeza, amargor que não deu a devida atenção ao comentário da amiga. Pela mesma razão, não pôde ver que havia mais alguém ali no cemitério, a certa distância, olhando na direção do túmulo de forma agoniada, com o rosto grave e a aura infeliz.

Assim que o local ficou totalmente vazio, Johan-Marcel se dirigiu até a cova recém-fechada, baixou a cabeça e fez um grande esforço para não chorar.

A frase dita naquele momento de raiva para Pauline voltou a ecoar na sua mente: "Então, morre! M-o-r-r-e!". E ele sentiu-se arrepiar sinistramente. Antes não tivesse dito nada. Mas não, ele deixara que a raiva pusesse palavras na sua boca, palavras impensadas, desumanas, cruéis... Ofendera Pauline drasticamente, o que só serviu para agravar seu estado de saúde, levando-a à morte.

Ele enxugou uma lágrima e com pesar disse:

– Eu não podia... Eu não podia trocar todo o luxo e riqueza que eu tinha, que o casamento com minha esposa me permitiu ter, por um grande amor... Ainda que fosse um grande amor, eu não podia... Compreendes, Pauline? Perdoa-me.

Ele fez o sinal da cruz e partiu cabisbaixo.

Meses depois...

Na maternidade, logo após Geraldine dar à luz um filho, Johan-Marcel voltou-se para o médico e perguntou:

– Por que, doutor? Por que meu filho nasceu com essa deformidade?

O médico olhou-o como se estivesse a uma grande distância, e só depois de refletir por alguns segundos, deu sua opinião:

– Sua esposa deve ter sido exposta a alguma doença durante a gravidez. Catapora, por exemplo.

A resposta entrou pelos ouvidos de Johan-Marcel como uma rosa tomada de espinhos. Seu rosto tão rubro e seus olhos tão esbugalhados expressavam tanto horror que o médico pousou a mão no braço dele e perguntou:

– O senhor está bem?

Johan-Marcel não respondeu, apenas deu as costas para o médico e seguiu pelo corredor do hospital a esmo. "Foi ela", comentou consigo em silêncio, "foi Pauline quem transmitiu a doença para minha esposa, naquele dia em que se levantou da cama e foi até minha casa. Foi a última vez que nos vimos. No dia em que eu lhe disse: "Então, morre! M-o-r-r-e!". Por esse motivo, eu senti aquela sensação angustiante assim que entrei em casa e me abracei à minha esposa, e por mais que tentasse não consegui encontrar o porquê".

Agora Johan-Marcel sabia, sabia o porquê sentira aquilo. O vírus havia sido levado para dentro da sua casa e passara dele para a esposa quando ele a afagou em seus braços.

Por uma *aventura* ele acabara com a vida do filho. Seria obrigado a viver até o último dia de sua vida apunhalado pela culpa do que causara ao menino. Sim, ele tivera culpa. Se não tivesse se envolvido com Pauline não teria causado nada daquilo à pobre criança, batizada com o nome de Dariel. Toda vez que pousasse os olhos no filho ouviria a si próprio dizer: ''a culpa é sua. Toda sua... Se não tivesse se tornado amante daquela infeliz... ''Maldita... Maldita, Pauline, no fundo ela era a culpada por toda aquela desgraça. Maldita... Maldita, Pauline...''.

Naquele momento, todo o amor que Johan-Marcel sentira por Pauline Laroche tornou-se ódio. Um ódio mortal. Que ela queimasse no fogo do inferno, desejou ele, sem dó nem piedade. Sim, que ela queimasse no fogo do inferno para pagar por todo o mal que fez a ele, ao filho e, consequentemente, à esposa. Ah, se Geraldine soubesse que o filho nascera daquele jeito por culpa dele, ela jamais iria perdoar-lhe. Transformaria, sem dúvida alguma, o amor que sentia por ela em ódio.

Mas Pauline não estava queimando em inferno algum por meio de chamas a causticar-lhe a pele. Estava numa das colônias do plano espiritual sendo assessorada por espíritos socorristas.

Ao descobrir que havia desencarnado, uma mistura de surpresa e dor se estampou na sua face. Ela preferira morrer, entregar-se à morte por causa de uma decepção amorosa para nunca mais ter de se ver naquela situação. Infelizmente, o que ela desejou, aconteceu. Mas a morte não era o fim, apenas uma transição, isso ela iria saber. Um tempo, uma reflexão profunda sobre si mesma, uma reaparição...

Havia outras jovens sofrendo do mesmo mal por ali. Tinham desejado a própria morte por não saberem lidar com uma decepção afetiva. Havia também muitas que estavam presas no umbral* por terem tirado a própria vida, por não aceitarem não serem correspondidas no amor. E permaneciam ali, recusando-se a se conceder o arrependimento. Era um quadro bucólico e triste de se ver.

Mas nada permanece estático no Universo. Tudo evolui, porque a todos é concedido o *direito de renascer...* renascer das amarguras, dos deslizes, dos atos impensados, imaturos e pobres de espírito.

E só se pode viver o *direito de renascer* por meio das reencarnações... Pauline, Johan-Marcel, Veronique, Giuseppe, todos ainda haveriam de se reencontrar numa vida futura para se darem, ainda que a contragosto, o *direito de renascer*. Renascer para a vida, para o melhor, para o amor no seu mais profundo sentido.

Outros livros do autor

Américo Simões

Nem que o mundo caia sobre mim

Mamãe foi uma mulher, mais uma dentre tantas, que nunca se ressentia do temperamento explosivo do marido, nunca se agarrava a sua própria opinião, nunca tentava impor uma conduta própria. Sacrificava, o tempo todo, suas vontades para satisfazer as dele. Em resumo: anulava-se totalmente diante dele. Por ele.

No entanto, quanto mais ela se sacrificava, menos ele lhe dava valor, mais e mais a ignorava e era ríspido com ela. Seu comportamento a deixava tiririca, pois não conseguia entender como alguém que tanto fazia o bem, podia ser tratado com tanto descaso.

Ela, Dona Rosa, quisera ser a mulher ideal para o marido, para ajudá-lo a enfrentar os períodos negros da vida, mas ele não reconhecia sua dedicação e grandeza.

Ficava sentada em silêncio, apertando os dentes, tentando não falar nada, porque sabia por amarga experiência que ao fazê-lo, o marido piorava seu mau humor imediatamente. O jeito era aguentar calada, aguentar e aguentar...

Todavia, mesmo assim, ele explodia. Muitas vezes, sem o menor motivo. E ela sempre se assustava, pois nunca sabia quando esses rompantes iam acontecer da mesma forma que os achava um exagero, um auê desnecessário.

Para comigo e meus dois irmãos papai não era muito diferente, não. Andava sempre impaciente demais para nos ouvir e apreciar nossa meninice e, por isso, mamãe acabava exercendo o papel de mãe e pai ao mesmo tempo.

O casamento dos dois chegou ao fim no dia em que mamãe pôs para fora, finalmente, aquilo que há muito estava entalado na sua garganta:

– Você jurou na frente do padre que viveria ao meu lado na alegria e na tristeza, na saúde e na doença... Você jurou diante de Deus!

Papai, com a maior naturalidade do mundo, respondeu, sem pesar algum:

– Se jurei, jurei em falso.

Sua resposta foi chocante demais para Dona Rosa. Jamais pensou que o homem por quem se apaixonara e jurara viver na alegria e na tristeza, na saúde e na doença, amando-o e respeitando-o, diante de Deus, pudesse lhe dizer aquilo. Algo que a feriu profundamente.

Mamãe, trêmula, tentou demonstrar em palavras a sua indignação, mas papai levantou-se do sofá e disse, com voz calma:

– Vou até o bar da esquina comprar um maço de cigarros e volto já.

Assim que ele passou pela porta, fechando-a atrás de si, mamãe levantou-se e dirigiu-se até lá. Abriu-a novamente e espiou pela fresta o marido, seguindo para a rua. Acompanhou-o com o olhar até perdê-lo de vista. Foi a última vez que o viu. As horas passaram, ela adormeceu, só se deu conta de que ele não havia voltado para casa no dia seguinte. Saiu às ruas a sua procura, mas ninguém o havia visto. Ele parecia ter se evaporado na noite. Restou-lhe apenas chamar a polícia para dar parte do seu desaparecimento...

"Nem que o mundo caia sobre mim" vai surpreender o leitor com uma história bem atual, que fala de dramas humanos, cheia de reviravoltas. Impossível adivinhar seu rumo e o final surpreendente e inspirador.

E O AMOR RESISTIU AO TEMPO...

Diante do olhar arguto de Caroline sobre si, examinando-o de cima a baixo, o rapaz pareceu se encolher. Meio sem jeito, quase encabulado, perguntou:

– É verdade que sou seu filho?

Os olhos dela apresentaram leve sinal de choque. Mas foi só. No geral se manteve a mesma.

– Ah! – exclamou com desdém. – É isso?

Ele assentiu com a cabeça, torcendo o chapéu em suas mãos.

– Quem lhe disse isso?

– Agatha. Primeiramente foi ela. Depois minha mãe - sua irmã - acabou confirmando. Ela não queria, mas eu insisti. Precisava saber da verdade.

– Pra que?

– Ora, porque mereço saber quem foram meus pais. Sempre quis saber, desde que morava no orfanato.

– Sei...

Caroline fez bico e se concentrou novamente nos cabelos.

– A senhora precisa me dizer, por favor, se é mesmo verdade que sou filho da senhora... Que pensei durante todos esses anos ser minha tia.

A mulher de trinta e cinco anos ficou quieta por um instante como se estivesse meditando. Por fim, disse autoritária:

– Sim, é verdade...

O rosto do rapaz se iluminou.

Caroline, voltando a escovar os cabelos, completou:

– É verdade e, ao mesmo tempo, não.

O rapaz fitou-a com um ar de quem está mesmo querendo entender. Ela prosseguiu:

– Você nasceu mesmo de mim, mas... foi um equívoco. Um grave equívoco.

Se estas palavras o surpreenderam, as seguintes o magoaram profundamente:

– Foi uma brincadeira do destino. Um desatino do destino.

Ela riu.

– Onde já se viu me fazer dar à luz a uma criança... Aleijada?

O romance "E o amor resistiu ao tempo" fala sobre os sofrimentos que cada um passa por causa das convenções sociais, dos preconceitos, egoísmos em geral e, principalmente, de quando o passado volta à sua vida para assombrar o presente.

Com uma narrativa surpreendente, o romance responde às perguntas existencialistas e profundas que a maioria de nós faz ao longo da vida: por que cada um nasce com uma sorte diferente? Por que nos apaixonamos por pessoas que nos parecem conhecidas de longa data sem nunca termos estado juntos antes? Se há outras vidas, pode o amor persistir e triunfar, enfim, de forma mais lúcida e pacífica, após a morte?

Uma comovente história que se desenvolve ao longo de três reencarnações. Para reflexão no final, inspirar o leitor a uma transformação positiva em sua existência.

FALSO BRILHANTE, DIAMANTE VERDADEIRO

Marina está radiante, pois acaba de conquistar o título de Miss Brasil. Os olhos do mundo estão voltados para sua beleza e seu carisma.

Ela é uma das favoritas do Concurso de Miss Universo. Se ganhar, muitas portas lhe serão abertas em termos de prosperidade, mas o que ela mais deseja, acima de tudo, é ser feliz ao lado de Luciano, seu namorado, por quem está perdidamente apaixonada.

Enquanto isso, Beatriz, sua irmã, se pergunta: como pode alguém como Marina ter tanta sorte na vida e ela não? Ter um amor e ela ninguém, sequer alguém que a paquere?

Pessoas na cidade, de todas as idades, questionam: Como pode Beatriz ser irmã de Marina, tão linda e Beatriz, tão feia, como se uma fosse um brilhante e a outra um diamante bruto?

Entre choques e decepções, reviravoltas e desilusões segue a história dessas duas irmãs cujas vidas mostram que nem tudo que reluz é ouro, nem tudo que brilha é brilhante e que aquilo que ainda é bruto também pode irradiar luz.

AS APARÊNCIAS ENGANAM

Carla está muito apaixonada por Caíne, um rapaz brilhante, herdeiro de uma famosa rede de farmácias do país. Durante a brincadeira do Amigo Secreto (Amigo Oculto) do curso de inglês da qual participam, ele recebe um bilhete dizendo: "Você vai morrer!".

Todos os colegas de classe consideram aquilo uma brincadeira de muito mau gosto.

Para a surpresa e espanto de todos, o rapaz é assassinado uma semana depois. Teria sido morto pela pessoa que lhe enviou aquele misterioso bilhete? É isso o que todos querem saber. Qual o verdadeiro motivo por trás daquela apavorante morte que chocou todos?

O leitor não vai conseguir se desprender deste romance. Ainda que ansioso para chegar ao final, não deve pular as páginas, pois em cada uma há muito mais do que pistas, há vida real, surpreendente e fatal.

A VIDA SEMPRE CONTINUA...

Geórgia perde totalmente o interesse pela vida depois da morte de seu alguém especial. Foram meses de sofrimento até sua partida e muitos outros depois. Só lhe resta agora chorar e aguardar a própria morte, diz ela para si mesma. Acontece então algo surpreendente: uma tia que não via há mais de vinte anos deixa-lhe como herança, a casa no litoral na qual viveu com o marido nos últimos anos de vida. Por causa desta herança, Geórgia é obrigada a ir até o local para decidir o que será feito de tudo aquilo. Acontecimentos misteriosos vão surpreendê-la e resgatá-la do caos emocional, da depressão pós-luto, e dar uma nova guinada em sua vida, na sua existência dentro do cosmos.

PAIXÃO NÃO SE APAGA COM A DOR

No contagiante verão da Europa, Ludvine Leconte leva a amiga Bárbara Calandre para passar as férias na casa de sua família, no interior da Inglaterra, onde vive seu pai, viúvo, um homem apaixonado pelos filhos, atormentado pela saudade da esposa morta ainda na flor da idade.

O objetivo de Ludvine é aproximar Bárbara de Theodore, seu irmão, que desde que viu a moça, apaixonara-se por ela.

O inesperado então acontece: seu pai vê na amiga da filha a esposa que perdeu no passado. Um jogo de sedução começa, um duelo entre pai e filho tem início.

De repente, um acidente muda a vida de todos, um detetive é chamado porque se suspeita que ele foi premeditado. Haverá um assassino à solta? É preciso descobrir antes que o mal se propague novamente.

Este romance leva o leitor a uma viagem fascinante pelo mundo do desejo e do medo, surpreendendo-o a cada página. Um dos romances, na opinião dos leitores, mais admiráveis.

A OUTRA FACE DO AMOR

Eles passavam a lua de mel na Europa quando ela avistou, ao longe, pela primeira vez, uma mulher de rosto pálido, vestida de preto da cabeça aos pés, olhando atentamente na sua direção. Então, subitamente, esta mulher arrancou uma rosa vermelha, jogou-a no chão e pisou até destruí-la.

Por que fizera aquilo?

Quem era aquela misteriosa e assustadora figura?

E por que estava seguindo o casal por todos os países para os quais iam?

Prepare-se para viver emoções fortes a cada página deste romance que nos revela a outra face do amor, aquela que poucos pensam existir e os que sabem, preferem ignorá-la.

A SOLIDÃO DO ESPINHO

Virginia Accetti sonha, desde menina, com a vinda de um moço encantador, que se apaixone por ela e lhe possibilite uma vida repleta de amor e alegrias.

Evângelo Felician é um jovem pintor, talentoso, que desde o início da adolescência apaixonou-se por Virginia, mas ela o ignora por não ter o perfil do moço com quem sonha se casar.

Os dois vivem num pequeno vilarejo próximo a famosa prisão "Écharde" para onde são mandados os piores criminosos do país. Um lugar assustador e deprimente onde Virginia conhece uma pessoa que mudará para sempre o seu destino.

"A Solidão do Espinho" nos fala sobre a estrada da vida a qual, para muitos, é cheia de espinhos e quem não tem cuidado se fere. Só mesmo um grande amor para cicatrizar esses ferimentos, superar desilusões, reconstruir a vida... Um amor que nasce de onde menos se espera. Uma história de amor como poucas que você já ouviu falar ou leu. Cheia de emoção e suspense. Com um final arrepiante.

SEM AMOR EU NADA SERIA...

Em meio a Segunda Guerra Mundial, Viveck Shmelzer, um jovem alemão do exército nazista, apaixona-se perdidamente por Sarah Baeck, uma jovem judia, residente na Polônia.

Diante da determinação nazista de exterminar todos os judeus em campos de concentração, Viveck se vê desesperado para salvar a moça do desalmado destino reservado para sua raça.

Somente unindo-se a Deus é que ele encontra um modo de protegê-la, impedir que morra numa câmara de gás.

Enquanto isso, num convento, na Polônia, uma freira se vê desesperada para encobrir uma gravidez inesperada, fruto de uma paixão avassaladora.

Destinos se cruzarão em meio a guerra sanguinária que teve o poder de destruir tudo e todos exceto o amor. E é sobre esse amor indestrutível que fala a nossa história, transformada neste romance, um amor que uniu corações, almas, mudou vidas, salvou vidas, foi no final de tudo o maior vitorioso e sobrevivente ao Holocausto.

Uma história forte, real e marcante. Cheia de emoções e surpresas a cada página... Simplesmente imperdível.

NINGUÉM DESVIA O DESTINO

Heloise ama Álvaro. Os dois se casam, prometendo serem felizes até que a morte os separe.

Surge então algo inesperado.

Visões e pesadelos assustadores começam a perturbar Heloise.

Seriam um presságio?

Ou lembranças fragmentadas de uma outra vida? De fatos que marcaram profundamente sua alma?

Ninguém desvia o destino é uma história de tirar o fôlego do leitor do começo ao fim. Uma história emocionante e surpreendente. Onde o destino traçado por nós em outras vidas reserva surpresas maiores do que imaginam a nossa vã filosofia e as grutas do nosso coração.

SE NÃO AMÁSSEMOS TANTO ASSIM

No Egito antigo, 3400 anos antes de Cristo, Hazem, filho do faraó, herdeiro do trono se apaixona perdidamente por Nebseni, uma linda moça, exímia atriz. Com a morte do pai,

Hazem assume o trono e se casa com Nebseni. O tempo passa e o filho tão necessário para o faraó não chega. Nebseni se vê forçada a pedir ao marido que arranje uma segunda esposa para poder gerar um herdeiro, algo tido como natural na época. Sem escolha, Hazem aceita a sugestão e se casa com Nofretiti, jovem apaixonada por ele desde menina e irmã de seu melhor amigo.

Nofretiti, feliz, casa-se, prometendo dar um filho ao homem que sempre amou e jurando a si mesma destruir Nebseni, apagá-la para todo o sempre do coração do marido para que somente ela, Nofretiti, brilhe.

Mas pode alguém apagar do coração de um ser apaixonado a razão do seu afeto? **Se não amássemos tanto assim** é um romance comovente com um final surpreendente, que vai instigar o leitor a ler o livro outras tantas vezes.

QUANDO É INVERNO EM NOSSO CORAÇÃO

Clara ama Raymond, um humilde jardineiro. Então, aos dezessete anos, seu pai lhe informa que chegou a hora de apresentar-lhe Raphael Monie, o jovem para quem a havia prometido em casamento. Clara e Amanda, sua irmã querida, ficam arrasadas com a notícia. Amanda deseja sem pudor algum que Raphael morra num acidente durante sua ida à mansão da família. Ela está no jardim, procurando distrair a cabeça, quando a carruagem trazendo Raphael entra na propriedade.

De tão absorta em suas reflexões e desejos maléficos, Amanda se esquece de observar por onde seus passos a levam. Enrosca o pé direito numa raiz trançada, desequilibra-se e cai ao chão com grande impacto.

– A senhorita está bem? – perguntou Raphael ao chegar ali.

Amanda se pôs de pé, limpando mecanicamente o vestido rodado e depois o desamassando. Foi só então que ela encarou Raphael Monie pela primeira vez. Por Deus, que homem era aquele? Lindo, simplesmente lindo. Claro que ela sabia: era Raphael, o jovem prometido para se casar com Clara, a irmã amada. Mas Clara há muito se encantara por Raymond, do mesmo modo que agora, Amanda, se encantava por Raphael Monie.

Deveria ter sido ela, Amanda, a prometida em casamento para Raphael e não Clara. Se assim tivesse sido, ela poderia se tornar uma das mulheres mais felizes do mundo, sentia Amanda.

Se ao menos houvesse um revés do destino...

Quando é inverno em nosso coração é uma história tocante, para nos ajudar a compreender melhor a vida, compreender por que passamos certos problemas no decorrer da vida e como superá-los.

QUANDO O CORAÇÃO ESCOLHE

(Publicado anteriormente com o título: "A Alma Ajuda")

Sofia mal pôde acreditar quando apresentou Saulo, seu namorado, à sua família e eles lhe deram as costas.

– Você deveria ter-lhes dito que eu era negro – observou Saulo.

– Imagine se meu pai é racista! Vive cumprimentando todos os negros da região, até os abraça, beija seus filhos...

– Por campanha política, minha irmã – observou o irmão.

Em nome do amor que Sofia sentia por Saulo, ela foi capaz de jogar para o alto todo o conforto e *status* que tinha em família para se casar com ele.

Ettore, seu irmão, decidiu se tornar padre para esconder seus verdadeiros sentimentos.

Mas a vida dá voltas e nestas voltas a família Guiarone aprendeu que amor não tem cor, nem raça, nem idade, e que toda forma de amor deve ser vivida plenamente. E essa foi a maior lição naquela reencarnação para a evolução espiritual de todos.

Para adquirir um dos livros ou obter informações sobre os próximos lançamentos da Editora Barbara, visite nosso site:

www.barbaraeditora.com.br

ou escreva para:

BARBARA EDITORA
Rua Primeiro de Janeiro, 396 – 81
Vila Clementino – São Paulo – SP
CEP 04044-060
(11) 5594 5385

E-mail: barbara_ed@2me.com.br

Contato c/ autor: americosimoes@2me.com.br
Facebook: Américo Simões
Orkut: Américo Simões
Blog: http://americosimoes.blogspot.com.br